中国经济发展与对外开放
研究丛书

武汉大学“985”工程建设项目“中国企业国际化战略与竞争力”研究成果
国家社科基金项目（批准号：05BJY053）研究成果

中国企业自主知识产权能力建设研究

Research on Construction of Independent Intellectual Property Capability of China's Enterprises

■ 夏清华 著

WUHAN UNIVERSITY PRESS
武汉大学出版社

图书在版编目(CIP)数据

中国企业自主知识产权能力建设研究/夏清华著.—武汉:武汉大学出版社,2010.1
中国经济发展与对外开放研究丛书
ISBN 978-7-307-07435-4

Ⅰ.中…　Ⅱ.夏…　Ⅲ.企业—知识产权—研究—中国　Ⅳ.D923.404

中国版本图书馆 CIP 数据核字(2009)第 212315 号

责任编辑:杨　华　　责任校对:刘　欣　　版式设计:马　佳

出版发行:**武汉大学出版社**　(430072　武昌　珞珈山)
(电子邮件:cbs22@whu.edu.cn　网址:www.wdp.com.cn)
印刷:武汉中远印务有限公司
开本:720×980　1/16　印张:12.25　字数:176 千字　插页:1
版次:2010 年 1 月第 1 版　2010 年 1 月第 1 次印刷
ISBN 978-7-307-07435-4/D·962　定价:26.00 元

前　言

从法律意义上讲，自主知识产权是指在一国范围内，由本国的公民、企业法人或非法人机构作为知识产权权利主体，对其自主研制、开发、生产的知识产品所享有的一种专有权利。其中，主权的单一性和主体对主权的依附性是自主知识产权生成的根本前提条件。自主知识产权主要包括自主专利权、自主商标权和自主著作权三大部分。从经济学和企业经营角度讲，自主知识产权是经济持续发展的独特战略资源，是企业赢得持久竞争优势和获利的智力资产。

中国知识产权环境发生了很大的变化和改进，企业形成自主知识产权的能力有所提高，尤其在商标国际申请、实用新型专利和工业品外观设计专利数量方面增速很快，总量也达到了一定的规模。但企业在发明专利和品牌策略方面与发达国家仍有很大的差距。譬如，中国企业品牌策略通常是去努力改进产品质量形象，而对品牌的视觉设计方面注意不够，影响了品牌的国际化目标。

中国企业在国际竞争中自主知识产权稀缺，缺乏品牌竞争力的事实使得中国企业在国际贸易中面临巨大的挑战，而且，近几年在国际贸易和国际竞争中，知识产权越来越具有私权公权化的特征，国家干预的色彩越来越浓厚，为企业知识产权的国家干预和国家知识产权战略提供了理论依据。另一方面，自主知识产权关系到国家的竞争力，从国家竞争战略来讲，也需要国家与企业的合作。相对于发达国家的企业而言，中国企业的自主知识产权能力很弱，对政府支持存在很强的需求。这也为中国政府支持企业自主知识产权能力发展提供了独特的理由。

自主知识产权能力是企业创造、运用、管理和保护知识产权的综合能力。本书重点分析了中国企业在知识产权的运用和管理方面的能力表现，如知识产权战略与标准化战略的结合、知识产权商业化战略（科技成果转化）、专利联盟战略、品牌战略等；从国家财政直接投入、税收优惠、金融支持和风险投资、政府采购和知识产权保护等几个方面分析了政府支持政策成效，并借鉴美国、日本等发达国家的知识产权支持政策的经验，提出了中国支持企业自主知识产权能力发展的宏观政策建议。同时，研究和创新知识产权支持政策中必然存在的复杂性表明，政策决策过程本身是信息密集型的，支持政策本身又是实验性的——它要求不断尝试新的政策工具，并根据日新月异的环境对自身加以改进和完善，而政策的改进又是反复的、持续的一个过程。因此，在这个过程中，政策制定者的能力建设显得尤其重要。

本书是在国家社科基金“鼓励和支持我国企业发展自主知识产权与知名品牌问题研究”（项目编号：05BJY053）结题报告的基础上修改而成。武汉市知识产权局以及东湖开发区分局为课题提供了调研和数据支持，徐丹和简真强参加了书稿第7章的编写。博士和硕士研究生易朝辉、高强、黎玉、邢缤月、万娟等参与了课题的研究。作者感谢武汉市知识产权局局长董宏伟先生的帮助！感谢以上研究生的参与！感谢周茂荣教授和谭力文教授的支持！感谢国家社科基金项目的资助！

目　录

上篇　企业自主知识产权：现状、问题与分析的理论基础

下篇 企业自主知识产权能力发展的对策研究

上　篇

企业自主知识产权：现状、问题与分析的理论基础

上篇的逻辑安排是围绕着研究问题的提出、现状以及研究的理论基础、分析框架而展开。

具体内容是：

第一章，提出问题，明确研究目标、内容与方法。

第二章，回顾和分析了企业知识产权能力研究的相关理论思想，提出了本书适用的理论框架——战略管理中的竞争优势理论。

第三章，在市场调查研究的基础上对我国企业知识产权能力的现状进行了描述性统计，明确了现状和问题，为下篇的对策研究提供实际依据。

第1章 概 论

在全球经济日益一体化的背景下，知识产权是衡量一个国家财富的重要标志，也是国家竞争力的重要指标。纵观全球范围的经济合作，无论是生产领域的合作，还是贸易领域的合作，无论是货物贸易，还是服务贸易，许多都是以专利权、商标权、版权等知识产权为核心的。知识产权不仅是人类的财富，而且也是创造人类物质财富、精神财富的工具和手段。智力资源打破了国界，在全球范围内流动，从而促进了全球经济的发展。因此，知识产权已经成为当今社会推动各国国民经济发展的重要战略资源。

1.1 问题的提出：知识产权与国家竞争优势

进入21世纪，知识经济成为各国经济的发展的关键因素，知识产权是衡量一个国家经济竞争力和财富的重要标准，发达国家和发展中国家纷纷实施知识产权战略，制定一系列政策支持本国自主知识产权的形成和发展。

温家宝总理曾经明确指出："21世纪的竞争实际上就是知识产权的竞争。"随着经济全球化进程的加快，知识产权在国际竞争中的重要性与日俱增，逐渐成为国家和企业争取科技和经济竞争优势的重要手段，构成了企业和国家竞争力的核心要素，日益受到人们的关注和重视。

从国际动向来看，各国都加强了对企业知识产权的国家保护。日本实现了由"技术立国"到"知识产权立国"的战略转移，美国依法建立了"美国国家知识产权协调委员会"，美国联邦贸易委员会还发表了支持专利政策的"促进创新"报告。从一国长期发展战略来看，形成自主知识产权是维护国家安全的战略选择。

以自主创新能力低下为主要特征的中国科技落后的严峻态势已经引起政府的高度重视。2001 年中国科技创新能力在 49 个主要国家（占世界 GDP 的 92%）中，居于第 28 位，处于中等偏下水平。不仅如此，中国的对外技术依存度在 50% 以上，而发达国家都在 30% 以下，其中美国、日本仅为 5% 左右。面对这一严峻态势，中国欲使科技发展“支撑经济社会全面发展”已很勉强，引领未来就更难了（任慧文，2004）。而缺乏核心专利恰是前几年 DVD、食品塑料盒风波、2G 技术等知识产权纠纷中中国企业受制于人的关键所在。中国企业缺乏维持持续成长的战略竞争性资源：缺乏国际品牌，缺乏创新动力，缺乏自主知识产权。这些直接影响了其持续发展的能力，体现为在国内市场难以应对国际竞争者建立的防御壁垒，在国外市场又难以突破国外的技术壁垒和品牌影响力。

改革开放以来，我国的经济全面快速发展，企业的创新能力和品牌意识都有所提高，研发投入占国民生产总值的比例从 1989 年的 0.7% 上升到 2005 年的 1.3%，虽然低于美国、日本的 3%，但年增长率已超过了发达国家，表 1-1 是我国 R&D（研究开发）投入占 GDP 比例的增长情况。近几年，我国专利的申请量以年均 18% 的速度增长，2004 年发明专利首次超过实用新型和外观专利。一些很好的企业非常重视知识产权，重视自主创新，重视形成自己的核心技术。譬如，深圳华为公司是一家专门制造通信产品的民营企业，其研发人员占员工总数的 46%，是国内所有企业中申请发明专利最多的企业，累计申请国内专利 3500 件，同时还向国外申请了 400 多件，注册商标也有 600 多件。另一些很好的例子是青岛的一批企业，像海尔、海信、青啤等，它们在自主知识产权方面做得也比较好，申请了很多专利，其中海尔平均每天申请 3 件专利，每年 1000 多件。但是这样的企业数量太少了，目前还有大量的企业没有自主创新，没有形成自己的核心技术。据统计，国内拥有自主知识产权核心技术的企业，仅占大约万分之三，有 99% 的企业没有申请专利，有 60% 的企业没有自己的商标。所以在国际上的印象中，中国是制造大国，但在知识产权方面中国还处在一种比较落后的状态。我国高端的医疗设备、半导体以及集成电路制造设备和光纤制造设备，基本上都是从国外进口的。很多重要的装备、制造产品的机器，都是从国外进口的，其中石化装备的 80%、数控机床和先进纺织设备的 70% 依赖进口，彩电、手机的关键技术 50% 以上掌握在跨国公司手里，包括电脑中小小的一个鼠标、DVD 播放机我们都要交专利费。虽然我国的外贸总额已居世界第三位，但是自主创新的高技术产品仅仅占外贸总额的 2%。

表 1-1　　我国 R&D 投入占 GDP 比例与几个国家的比较

年份 \ R&D/GDP \ 国别	中国	美国	日本	英国	印度	韩国
2005	1.30					
2004	1.44	2.68	3.13	1.88		2.85
2003	1.31	2.62	3.15	1.89		2.64
2002	1.23	2.67	3.12	1.90		2.53
2001	1.07	2.74	3.07	1.87	0.78	2.59
2000	1.00	2.72	2.99	1.86		2.39
1999	0.83	2.65	2.96	1.87	0.86	2.47
1998	0.69	2.60	2.95	1.80	0.67	2.55
1997	0.64	2.58	2.84	1.81		2.69
1996	0.60	2.55	2.78	1.88	0.77	2.60
1995	0.60	2.51	2.90	1.95		2.50
1994	0.50	2.43	2.77	2.01	0.81	2.44
1993	0.62					
1992	0.70					
1991	0.72					

续表

年份＼R&D/GDP＼国别	中国	美国	日本	英国	印度	韩国
1990	0.71					
1989	0.70					

注：表中空白处数据不可得。资料来源：《中国科技统计年鉴（2005）》及中国科技统计网。

我国企业不仅在知识产权数量上处于劣势，而且在知识产权质量方面也面临严峻的挑战。这种挑战不仅体现在高新技术产业，传统产业也不例外（吕薇，2004）。一些跨国公司正利用知识产权抢占我国高新技术产业市场。例如，信息技术领域的发明专利申请，国内发明专利申请量不到国外的一半，国外占 68%（韩俊，2005）。据国家知识产权局 2002 年统计，技术含量比较高的发明专利，本国人、本国企业申请的最集中的领域有：第一位是中药，国内申请占 98%；第二位是软饮料，占 96%；第三位是食品，占 90%；第四位是汉字输入法，占 79%。这是我们占优势比较集中的领域。而来自国外的专利申请所集中的领域主要是高科技领域：第一位是无线电传输，占 93%；第二位是移动通信，占 91%；其后为电视系统，占 90%；半导体占 85%；西药占 69%；计算机应用占 60%。据另一项统计，在 2005 年的广交会上，我们国家的企业出口产品 50% 是贴牌的，29% 没有商标、没有品牌，只有 21% 有自己的商标。这些企业虽然是出口型企业，有一定的国际竞争能力，但是拥有自己品牌的只有两成。国外有统计显示，2005 年全球 100 个最有价值的品牌，前 100 个亚洲有 10 个，其中日本有 7 个，韩国有 3 个，中国为零。

而从国际知识产权的含金量来看，今天知识产权的保护主要集中在几个发展前景看好的技术领域，如生物技术、信息技术、新材料等。在这些具有战略性、前沿性和对经济发展、社会进步产生重要影响的高技术领域中，美国、欧洲和日本拥有绝对优势，譬如在生物技术领域，美国拥有专利占 59%，欧洲 9%，日本 17%。我国近几年只在计算机技术领域有所突破，拥有完全知识产权的技术，并从“中国制造”转向“中国自造”。

总体而言，当前我国知识产权创造能力还不强，创新主体的知识产权意识还较薄弱，众多产业和企业还缺乏核心竞争力，知识产权拥有量与经济发展水平不相适应。企业尚未成为知识产权创造的主体，科技活动层次大多处于低端，重大科技成果转化率低，难以形成市场规模，更不用说创造品牌了。

企业是技术创新的主体，也是增强自主创新能力的关键环节。增强自主创新和知识产权创造能力，已经成为全面提升国家竞争力，实现中华民族伟大复兴的重要战略抉择。如何从政府和企业角度发展自主知识产权已成为推动企业、产业和国家发展的重大战略课题。

1.2 国内外研究现状述评

从法律意义上讲，自主知识产权是指在一国范围内，由本国的公民、企业法人或非法人机构作为知识产权权利主体，对其自主研制、开发、生产的知识产品所享有的一种专有权利。有学者认为，自主知识产权是具有中国特色的创新概念，具有主体本土化、权属域内化、权利集成化以及私权公权化四大特征，与一般意义上的知识产权具有明显的差异。其中，主权的单一性和主体对主权的依附性是自主知识产权生成的根本前提条件（芦琦，2000）。在我国，所谓自主知识产权是指中国的公民、法人或非法人单位经过其主导的研究开发或设计创作活动而形成的、依法拥有的独立自主实现某种技术知识资产的所有权。申请人在从中国其他自然人、法人或非法人单位处继受取得的自主知识产权基础上进行二次开发而形成的知识产权视为自主知识产权（科技部：《高科技产业自主知识产权认定指南》，2000）。

自主知识产权主要包括自主专利权、自主商标权和自主著作权三大部分。

从经济学和企业经营角度讲，自主知识产权是企业赢得持久竞争优势和获利的智力资产。具体来说，它是经济持续发展的独特战略资源（要素），是一种获得国家法律保护的生产要素，是企业赢得持久竞争优势的独特资产。由于知识产权是一种智力财产，需要通过物化的产品形式表现出来，所以其最终市场化的产品所含载的技术先进性和凝聚的品牌影响力就成为知识产权所有者所具有的竞争优势，两者缺一不可。其中，技术的先进性显示了知识创造者的创新能力，品牌影响力意味着创造者运用技术创造经济价值的能力。有技术优势，但没有品牌影响力，或者有品牌，没有技术优势，都不能成为竞争优势。

知识资产具有全球流动性、产业渗透性和价值倍增性，因此，各国政府和企业都把知识产权的保护和利用作为重要的战略目标加以研究（OECD：《以知识为基础的经济》，1996）。

中国企业在国际竞争中自主知识产权稀缺，缺乏品牌竞争力的事实（任慧文，2004；路甬祥，2002；陈昌柏，2002；李顺德，2004；夏清华，2003 等）使得其在国际贸易中面临巨大的挑战。在强大的国际跨国公司设置的两大专利陷阱（对我国成熟产业的专利垄断价格和对有发展潜力产业的研发跟踪）（李轩，2004）和对中国著名商标的抢注（国家商标局，2004）面前，中国企业感受到了实实在在的生存和发展威胁。

尽管从知识产权的产生和实施主体来看，知识产权战略应该首先是企业的商业行为而不是政府行为，但中国企业在知识产权方面的弱势地位，说明单靠企业自身难以抵御强大的国际竞争对手，需要国家知识产权战略的支持；而且，近几年在国际贸易和国际竞争中，知识产权越来越具有私权公权化的特征，国家干预的色彩越来越浓厚，为企业知识产权的国家干预和国家知识产权战略提供了理论依据。比如，美国和欧盟试图以国内法影响国际知识产权纠纷的解决；美国商务部诉诸 WTO 向中国政府打击盗版行为施压；任意启动侵权或反倾销调查程序；抵制中国的国家标准；在一些国家政府的支持或默许下，国际跨国公司建立专利联盟，设置专利和技术壁垒（打火机、电视机、DVD、食品塑料盒等知识产权纠纷），抢注中国企业著名商标等，联合抵制中国竞争企业；种种专利权的滥用，知识产权领域的不正当竞争（曹新明，1994），说明中国企业的国际竞争环境正在恶化，知识产权问题已变成不仅是单纯的法律问题，而是关系到我国对外贸易长期发展和国家产业安全的国家战略问题（李虹，2004；张志成，2004），需要国家采取积极有效的应对措施。

我国现有的专利申请和授权制度、商标注册制度和驰名（著名）商标的国家认定制度、对商业（技术）秘密的保护制度等为企业自主知识产权的形成和保护提供了法律保障（刘佩智，2004；陈美章，2004）。但知识产权领域的竞争尤其是自主专利技术的竞争，因其创新的动态性而使其也具有动态性。

国内学者认为，中国企业自主知识产权落后的主要原因在于政府对知识产权的保护不力，影响了技术创新者的积极性。政府在技术发明中的职能与市场职能常常互相混淆（路甬祥，2002）。与发达国家相比，我国缺乏一个宏观层面的知识产权战略，国家尚未从宏观经济战略角度协调技术、产业和对外贸易等相关经济因素（余翔，1997）。而现有的知识产权政策又由于机构重叠，职能划分不清等原因，也难以实施（张志成，2004）。有学者把这种现象解释为“政府失灵”（李轩，2004）。而陈昌柏教授认为，中国目前的知识产权问题不是专利保护不力，而是自主知识产权太少，特别是基本核心专利和职务发明专利不足。政府必须在鼓励创新和强化保护方面保持微妙的平衡（陈昌柏，2002）。专利制度的目标不是保护弱者，而是激励创新，促进竞争（李轩，2004）。

如何改变中国企业自主知识产权落后的现状？路风教授认为，鼓励、支持和保护自主开发是中央政府的责任和义务，并以中国汽车产业为例，认为汽车产业没有形成自主开发能力，自主品牌缺失的原因是中国的汽车产业政策从来没有把重点放在这个方面，而始终把目标放在产业集中度和规模上。他提出了关于未来政府汽车产业发展多项政策建议，其中包括奖励支持自主开发成果，帮助自主产品树立品牌以及税费优惠（路风，2004）。中国经济应追求长期以自主品牌导向的经济发展战略（金碚，2004），应借鉴日本由“技术立国”向“知识产权立国”转移的战略思想（陈传夫，2002）。在专利战略方面，政府必须在鼓励创新和强化保护方面保持微妙的平衡（陈昌柏，2002）。

在激励企业尽快形成自主知识产权的具体政府措施方面，李轩博士提出了尽快编制中国“产业创新指数”，确定重点支持和保护的技术和产业（李轩，2004）。余翔教授建议适时建立专利网战略（余翔，1997）。黄晓东提出采用R&D费用补偿制度，鼓励企业建立技术开发联盟，实施自主知识产权联合行动等（黄晓东，2004）。李顺德教授认为应帮助企业主动介入世界知识产权的游戏规则制定当中去发挥更大作用，需要培训知识产权战略人才（李顺德，董涛，2004）。此外，科技部、知识产权局、国资委、版权局和商标局等部委的许多政策涉及促进自主知识产权形成的鼓励措施。这些措施包括更好地利用国外先进技术资源，与跨国公司进行多种形式的技术开发和合作，有条件的中央企业要与跨国公司积极共建研发中心和先进生产制造基地，把先进技术引进和消化吸收创新更好地结合起来；对关系国家安全和难以引进的核心技术，采取国家大力支持和企业自主开发相结合的方式，加快研究开发和工程化、产业化步伐；重点提高重大装备和基础软件的自主开发能力，在高新技术领域争取新的突破，努力实现技术的跨越式发展，建设一批具有自主知识产权的关键技术和知名品牌，增强核心竞争能力。

国外学者的研究可从三个方面来分析。

第一，理论研究基于两个视角：一是研究对外投资与知识转移。大量研究证明，在以技术换市场的国际经营活动中，跨国公司对发展中国家的技术扩散或溢出确实存在，但取决于东道国的吸收能力和知识产权的保护水平。在技术差别较大和知识产权保护较弱的条件下，来自技术领先者的溢出是非常有限的，相反，在R&D方面的技术溢出只发生在跨国公司之间，东道企业（通常是弱势企业）往往什么也得不到（Kogut，1993；Feinberg，2001）。一项对中国的研究还发现，中国制造企业从外国投资者那里得到的技术溢出甚至为负值（逆向溢出）（Buckley，2002）。这说明知识产权保护水平对发达国家和发展中国家都具有潜在经济利益和技术落后国家提高本国技术能力的重要性。二是强调全球化背景下技术扩散和知识转移给知识产权管理带来的更为复杂的挑战。一方面，知识资本通过资本输出创造的产值大大超过了有形资本创造价值的速度。另一方面，因为知识产权保护的不力使这些（保护不充分的）国家每年蒙受巨大损失。因此，企业智力资本如果能受到法律保护，就能起到阻止或延缓优势丧失的作用（Narayanan，2002）。

第二，各国政府意识到知识产权与对外投资利益之间的密切相关性，并在实践上都加强了对知识产权的保护与创新激励。比如，日本由“技术立国”到“知识产权立国”的战略转移，美国依法建立了“美国国家知识产权协调委员会”，美国联邦贸易委员会推出“促进创新”报告，美国和欧盟试图以国内法影响国际知识产权纠纷的解决，等等。

第三，国外学者对中国知识产权问题的研究结论。一方面，认为中国知识产权环境发生了很大的变化和改进，中国形成自主知识产权的能力有所提高，尤其在商标国际申请、实用新型专利和工业品外观设计专利数量方面增速很快，总量也达到了一定的规模，但在发明专利方面与发达国家仍有很大的差距（Yang & Clark，2004）。在品牌策略方面，中国品牌策略通常是去努力改进产品质量形象，而对品牌的视觉设计方面注意不够，影响了品牌的国际化目标。实际上，品牌设计和公司所追求的消费者积极反应之间有明显的关系，通过有效的视觉设计，最大化品牌优势，中国品牌战略就能实现公司的国际化目标（Henderson，et al，2003）。另一方面，他们对中国知识产权制度改革提出了以下建议：在全球法律日趋协调的背景下，中国知识产权制度改革应强调知识产权和国际经营活动尤其是对外直接投资之间的统一性（Yang & Clark，2004），提高政府管理知识产权的能力；应注意对外直接投资、劳动力市场和知识产权保护的政策协调，协调和保证反垄断，科学技术与创新、教育、贸易、财税等方面政策的连贯性（OECD-China IPR Workshop，2004）；发展技术密集型产业，增加对技能工人的需求等；

中国应消除对 FDI 的特别待遇，改善内资企业的经营条件，提高竞争力（Wu，2000）。

著名国际商学院 INSED 亚洲校区（新加坡）院长 Meyer 认为，中国许多产业趋向成熟，而在一个成熟甚至能力过剩的市场上最需要的是创新和效率改进。中国需要的不再是简单的生产设备和生产系统，而是能够使当地的生产团队自己去管理这些创新和效率改进的流程技术。由于中国知识产权状况的改善和中国政府对技术态度的改变，跨国公司对向中国转移新的技术的要求应该有所准备（Arnoud De Meyer，2002）。

在中国，开发与发展知识产权制度对中国经济发展战略有巨大的潜在利益，比如技术升级，吸引外国直接投资，融入世界经济体系中。然而中国知识产权改革需要考虑中国特殊的因素，包括部门和地区差异、公共利益和经济发展的总体水平。改革的目标是建立透明的、连贯的国家知识产权制度，确保各种政策（反垄断，科学技术与创新、教育、贸易、财税等）的连贯性。与此同时，平衡创新保护与技术转移是重要的。中国政策制定者在使用业绩和统计指标时应该慎重。专利不等于产品，许可（金）数量也不代表广泛的知识转移，过分将专利作为绩效评估的基础会产生误导，并与研究机构的目标使命不一致。在专利保护之外还应注意对企业商业秘密的保护（OECD-China 知识产权论坛，2004，北京）。

综合以上分析发现，目前国内外学者的与本书相关的研究成果具有以下特点：

（1）国外学者的研究理论注重对外投资利益、知识产权保护水平以及技术领先优势的保持之间的关系研究。政府实践注重从创新激励、产业标准、知识产权立法等多方面对投资利益和产业优势的整体和全面保护，但对中国法律制度和多种产业部门政策的连贯性以及政府配置资源的能力缺乏足够的信心。

（2）国内学者的研究大致集中在三个方向：

- 强化对自主知识产权保护的法律体系建设和行政执法效力研究；
- 保护知识产权，激励企业创新的知识产权发展战略研究；

● 法律、政策和制度的结合研究。

其中对第一和第三个主题的研究成果最为丰富，而对激励企业创新的知识产权战略（政策）的研究最为欠缺。

(3) 现有政策（对策）研究中，统计描述性研究多，理论来源与实证研究少。对于政府怎样支持企业形成自主知识产权去维持长期竞争优势，现有的研究成果还不能提供满意的答案。解决企业自主创新的动力问题还没有得到根本解决，而如何培育企业自主知识产权能力还处于未完全开发状态。

1.3 本书的研究内容、目标、思路与特色

本书的内容可以归纳为三个大的方面：

● 第一是自主知识产权能力建设的理论和实践依据；

● 第二是企业知识产权战略的主要构成；

● 第三是企业自主知识产权能力发展的国家支持政策研究。

因此，本书有两个目标：

● 运用战略理论分析企业知识产权与竞争优势之间的关系；

● 提出企业层面的知识产权战略和国家层面的支持政策框架。

● 其理论和实际意义显而易见。

本书遵循以下思路：

第一，关于自主知识产权与国家（企业）竞争优势的一个理论平台的搭建。

第二，实证研究：中国企业自主知识产权能力绩效的描述性统计。

第三，设计论证：企业知识产权能力建设的企业战略与国家支持措施。

本书的主要特色在于：

(1) 研究内容丰富。从宏观到微观分析了企业知识产权能力建设的企业策略和国家支持政策的一些重要方面的表现。

(2) 理论联系实际。从理论上阐明了自主创新战略与自主知识产权战略之间相似的理论逻辑以及两者之间的传导机制的重要

性；实证检验了企业知识产权能力与企业竞争优势、国家竞争优势之间的关系。

（3）政策导向明显。不仅提出了企业发展自主知识产权能力的策略政策框架，而且还提出了国家支持企业自主知识产权能力建设的政策措施。

第2章　知识产权能力、创新与竞争优势的相关理论

创新、知识产权、知识产权能力这几个概念既密切相关，又相互区别，在不同的研究范畴和框架里，理论的基础和概念的应用就有不同的视角与侧重。本书采用战略管理框架，作为知识产权能力构建的理论基础。

2.1　自主知识产权、创新与知识产权能力的概念及其相互关系

自主知识产权既是一个法律概念，也是一个经济学和管理学的概念。

从法律意义上讲，自主知识产权是指在一国范围内，由本国的公民、企业法人或非法人机构作为知识产权权利主体，对其自主研制、开发、生产的知识产品所享有的一种专有权利。

自主知识产权主要包括自主专利权、自主商标权和自主著作权三大部分，这三者构成了知识产权的主体。除此之外，还有很多，比如植物新品种，像杂交水稻，一些高产的农作物，以及花卉、苗木等新品种；集成电路布图设计，也是一种专门的知识产权；像技术秘密、商业秘密，虽然没有申请专利，也没有公开发表作为著作权保护，而是企业内部的秘密，但也是一种知识产权；还有像地理标志，某一种产品与这个地方的特定地理、自然环境密切相关，比如茅台酒，它就是贵州茅台地区生产的酒，别的地方的酒就不能叫茅台酒，类似这样的东西称为地理标志；还有一些也属于知识产权，如北京2008年奥运会，2010年上海世博会的一些设计标志，

其中都有涉及知识产权保护的问题。

从经济学和企业经营角度讲，自主知识产权是企业赢得持久竞争优势和获利的智力资产。具体来说，它是经济持续发展的独特战略资源（要素），是一种获得国家法律保护的生产要素，是企业赢得持久竞争优势的独特资产。由于知识产权是一种智力财产，需要通过物化的产品形式表现出来，所以其最终市场化的产品所含的技术先进性和凝聚的品牌影响力就成为知识产权所有者所具有的竞争优势，两者缺一不可。其中，技术的先进性显示了知识创造者的创新能力，品牌影响力意味着创造者运用技术创造经济价值的能力。有技术优势，但没有品牌影响力，或者有品牌，没有技术优势，都不能成为竞争优势。

知识资产具有全球流动性、产业渗透性和价值倍增性，因此，各国政府和企业都把知识产权的保护和利用作为重要的战略目标加以研究（OECD：以知识为基础的经济，1996）。

自主创新是一个包含着产权意义的创新概念，从定义上看，自主创新是指通过拥有知识产权的、独特的核心技术以及在此基础上实现新产品的价值的过程。自主创新包括原始创新、集成创新、引进技术再创新，其成果一般表现为新的科学发现和拥有知识产权的技术、产品、品牌等。

原始创新是指前所未有的重大科学发现、技术发明、原理性主导技术等创新成果。原始创新意味着研究开发方面，尤其是基础研究和高科技研究领域取得独有的发现或发明。原始创新是最根本性的创新，是最能体现智慧的创新，是一个民族对人类文明作出贡献的重要体现。

集成创新是指通过对现有各种技术的有效集成，形成有竞争力的产品或新兴产业。

引进吸收消化再创新是指在引进国内外先进技术的基础上，学习、分析、借鉴，进行再创新，形成具有知识产权的新技术。引进吸收消化再创新是提高创新能力的重要途径，它不仅大大缩小了创新时间，而且降低了创新风险。

自主品牌是自主商标权的习惯称谓，它是产品或服务的生产者或拥有者对其商标拥有的独占权和处置权的简称，是法律对注册商标所有人授予的一种权利。从自主创新的定义可以看出，不同创新者的任何创新的成果最终会以特定的产品或服务形态在市场上出现而彼此区分，形成竞争差异。差异的体现往往借助于产权保护，而对产品或服务的产权保护要么是受法律保护的专有技术，要么是产品或服务的商标，即品牌。品牌影响力是自主创新能力和竞争力的最终和最综合的表现。

知识产权能力是指知识产权的创造、管理、保护和运用的综合能力。知识产权的创造，首先是要产生新创意、新思想、新方法等各种新知识，是智力成果。实现知识的创造实际上就是创新，主要包括技术创新和制度创新。具有知识产权特征的创新往往体现在技术创新方面，产品和方法发明是其主要形式，技术和商业秘密也属于知识的创造。善于将创造的知识用产权的形式固定下来是最基础的知识产权能力，是创新能力和运用法律能力的体现。知识产权的运用是指企业将知识产权转化为市场价值的能力，包括知识产权的实施、许可、转让以及其他知识产权方面的经营战略，比如，技术转移与科技成果转化、知识产权战略与标准化战略的结合、专利池与专利集群战略等。知识产权的管理是指企业内有关知识产权方面的一些制度规范和策略考虑，包括知识产权的获取、知识资本的运营、知识产权的档案管理、知识产权管理机构设置以及企业知识产权战略等。广义的企业知识产权管理也可以包括知识产权的保护和运用。知识产权保护包括企业自我保护和国家保护两个方面。前者是指企业有意识、有计划地采取一些制度化的措施避免知识产权被侵权或无意识地侵犯他人的知识产权。后者是指借助于法律应对侵权或知识产权纠纷问题。知识产权的核心就在于保护，因为知识产权是无形的智力财产，看不见、摸不着，保护起来更不容易，因此更要加强。

从以上概念可以看出，自主知识产权、自主创新与知识产权能力三个概念密切相关。

第一，创新是基础，知识产权制度是保障，两者相互依赖。知识创新是一个重要的基础或资源，最后都要落实到一个产品上，或者落实到一种制造工艺上。如果涉及制度创新、管理创新，它也有一个落脚点。而知识产权是创新的前提，因为它一开始是无形的。人的知识是无形的，通过人的创造性的智力活动，把它创造出来，下一步才考虑通过生产、实践、实施把它变成有形物，最后再把它推向市场。这是一个创新的全过程，而知识产权在这一过程中起着非常重要的先导和保障作用。因为有了知识产权制度，人们才敢于创新。知识产权制度是实现企业和国家创新发展战略的重要工具，是促进自主创新的法律保障。

第二，自主创新能力反过来会促进知识产权规模和质量的提高。由于自主创新能力不足，我国企业和产业正面临新技术和知识产权的严峻挑战，大部分企业的技术来源还主要依靠引进和仿制，大部分核心技术、品牌和销售渠道仍然被外国企业所控制。因此，从实现可持续发展的角度出发，我们必须尽快提高自主创新能力，在战略领域和关键环节形成自主知识产权。

第三，知识产权能力是企业将创新能力、知识产权资源与企业其他资源整合参与市场竞争、创造经济价值的综合能力，是企业竞争能力的重要体现。

总之，知识产权能力的产生与运用的一个逻辑是：企业通过创新获得技术和产品优势，通过制度和法律保护取得了知识产权，又通过知识产权的运用和管理将创新成果转化为创造经济价值的新产品或服务，获得市场经济优势，再通过知识产权的有效保护使这种技术和经济优势得以持久下去。可以说，企业知识产权能力既是企业竞争优势的综合体现，又是竞争优势的重要保证。

2.2 国家创新体系中的企业和政府

国家创新体系（National Innovation System，NIS）这一概念于1987年由英国学者弗里曼（Freeman，1987）在其著作《技术政策与经济运行：来自日本的经验》中首次提出。他认为，历史上技术领先国家从英国到德国、美国再到日本，这种追赶和超越是一种国家创新系统演变的结果。根据弗里曼的观点，NIS是在国家内部系统组织及其子系统间的相互作用下，在公、私领域内形成的一种机构网络。它的活动目标是启发、引进、改造和扩散新的技术。继弗里曼之后，众多学者纷纷提出了自己的看法，其中最有影响的是三螺旋创新理论。

三螺旋创新理论的首创者亨利·埃茨科威滋（Henry Etzkowitz，1998）等人率先注意到了创新制度环境的三大要素——大学、产业和政府三方面相互作用关系的重要性，这三个要素每一方都表现出另外两个的一些能力，同时每一方都保持自己的独立身份。由于联系与作用，代表这些要素范围的每个螺线都获得更大的能力并进一步相互作用与合作，支持在其他螺线里产生的创新，由此形成持续创新流，共同发展（如图 2-1 所示）。

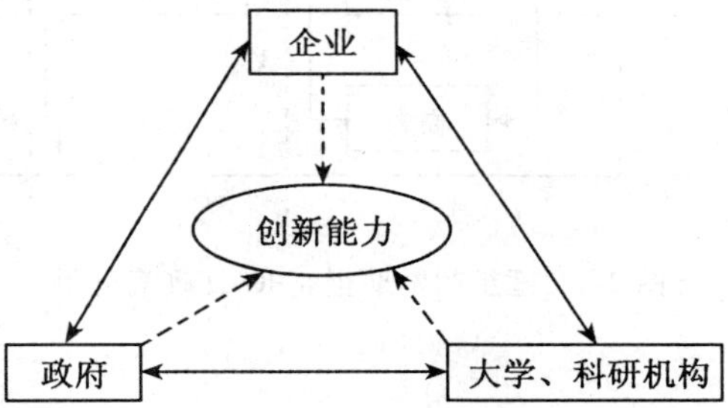

图 2-1　国家创新系统结构

三螺旋理论的核心在于，随着知识经济的出现，在区域内科研院所与大学成为知识与智力资产的载体，具有更高的价值。在成熟的创新区域，科研院所与大学通过其组织结构最下层的研究中心、科研小组以及个人等建立起市场经济活动良好的接口，在区域内发挥强大的辐射作用。

企业 R&D 活动是国家创新系统的基础组成部分，没有企业的 R&D 活动，就不可能形成一国的创新体系，也很难促进创新能力的发展。

政府资助企业 R&D 政策是国家创新系统中的一个重要机制和环节，也是政府科技政策的重要组成部分，尤其是在企业 R&D 投入不足的情况下，政府通过资助、激励和引导企业的R&D投入，直接影响一国创新系统的健康发展。政府在国家创新系统中起着催化剂的作用，其政策措施通过三方面对整个创新系统产生影响。

- 对企业和大学、科研机构的直接影响；
- 对大学、科研机构的基础研究投入，间接对企业产生影响；
- 促进产、学、研一体化。

理想的资助企业R&D政策机制如图2-2所示。

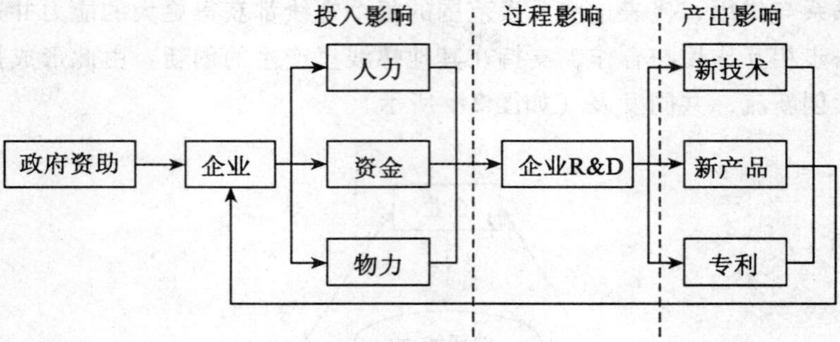

图2-2 理想的资助企业R&D政策机制

2.3 自主知识产权与竞争优势

2.3.1 知识产权与企业竞争优势

企业竞争优势就是能使企业获得所特有的战略领先地位、进行有效竞争并实现企业目标的一些因素和特征，通常体现为企业拥有的、能够为顾客创造超过成本价值的能力。

企业资源观认为，拥有一系列独特资源和能力的企业能创造竞争优势，如它的资源是有价值的、稀有的、难以模仿的或替代成本很高的（Barney, 1991；Wernerfelt, 1984）。具备这些特征的资源大多数是无形资源，如品牌、技术秘诀、专利。企业资源学派的代表巴尼（Jay Barney，1991）教授认为：“如果某个企业能够实施某种价值创造战略，而其任何现有的和潜在的竞争对手都不能实施同样的战略，那么我们就说该企业具有竞争优势。”

从企业核心能力的内涵来看，企业的核心竞争力包括企业的技术、市场和制度三大能力，都涉及企业的核心技术、市场开拓和组织管理等方面的无形优势。企业的核心竞争力固然立足于企业强大的核心技术，但核心技术本身不等于核心竞争力。创新最后都要落实到一个产品上，或者落实到一种制造工艺上。而知识产权是创新的前提和保障，因为创新最初是无形的知识或智慧，通过人的创造性的智力活动，把它变成有形物，最后再把它推向市场。这是一个创新的全过程，而知识产权在这一过程中起着非常重要的先导和保障作用（田力普，2005）。具体来说，表现在以下几个方面。

1. 自主知识产权对竞争者形成阻隔机制

自主知识产权就其性质来说是一种法定的垄断权，这样就存在着将技术优势变成市场优势的机会。获得了一项自主知识产权就等于有了一个受一个国家或地区知识产权法律保护的特定市场，因此自主知识产权与市场是紧密地联系在一起的。从某种意义上说，有了知识产权优势就等于有了占据市场的法宝，专利权的获得意味着对相关技术领域市场的独占，商标知名度的大小则反映了企业市场占有的大小。如利用专利的“排他性垄断权”就是不少企业的手段之一，这种手段可以保护眼前或短期的产品、业务和客户，有效防止竞争对手的复制与抄袭，夺得先发优势，确保投资者在研发与市场中的高回报率。

2. 自主知识产权有利于建立企业形象，提高企业的市场价值

战略管理专家迈克尔·E. 波特（Micheal E. Porter）认为，企业若在提供的产品或服务方面形成在全产业范围内具有独特性的东西，即差异化，则能实现在产业中的超额利润。差异化的方式有许多，如产品设计或品牌形象、技术特点、外观特点、客户服务、经销网络、领导风格或企业文化。从品牌差异策略来讲，差异化战略可利用客户对品牌的忠诚以及由此产生的对价格的敏感性下降使公司能避开竞争。它可使企业在较高价格下增加利润的同时不必追求低成本。客户的忠诚以及其他竞争者要战胜这种“独特性”需付

出长期巨大的努力，这就构成了进入壁垒。公司在赢得客户对品牌的忠诚和在面对替代品威胁时，其所处的地位比其他的竞争对手更为有利。品牌形象可以通过企业在过去的广告、顾客的服务、产品特色或由于第一个进入该产业而获得的商标信誉以及顾客忠诚度上的优势而形成。产品差异和顾客忠诚建立了进入壁垒，它迫使新的进入者和竞争者要耗费大量的努力和投资消除原有的顾客忠诚。而这种努力通常会带来初始阶段的亏损，并且还要延续一段时间。所以建立一个品牌的投资是有风险的，如果进入失败，不能赢得顾客忠诚，则早期的投资将付诸东流。

企业在追求总成本最低时，常常需要在整合成本时能在经营活动中共享企业的无形资产，如品牌和专利。尤其在通过早期的商标设计、培育品牌的无形资产投资过程中，企业投入成本往往是一次性的，而一旦品牌信誉形成，这项资产就可自由地延伸到其他的产品或业务上，这就是我们通常所说的，存在路径依赖的以品牌延伸或技术扩散为特征的多元化经营。这种共享无形资产的情况能给企业带来可观的经济效益。不管是纵向整合还是横向合并，企业都能共享某些资产，实现扩张。也就是说，拥有品牌优势的企业更容易通过并购等方式实现扩张增长。许多世界著名的跨国公司正是凭借其强大的品牌张力吸引了国外的消费者，成功地进入国外市场，它们通过直接投资、合作生产或经营，收购当地国的企业以及其他特许经营等方式获取巨大的品牌收益。

特许经营的基础或前提是特许方有品牌优势或规模范围经济优势，使它的竞争者想进入他的经营领域需要很大的资本投入和营销努力。因此，新进入者往往通过特许经营方式加盟到品牌者的行列而避免直接的竞争。品牌特许经营一般分为产品品牌特许和经营模式特许。品牌特许（商标许可）的核心授权内容是产品和品牌，如中国石化、可口可乐、柯达的生产许可。经营模式许可大多是服务许可，如沃尔玛、麦当劳、肯德基、华联超市等企业，其中有些提供的产品不是自己的，许可的最终目的是收取特许权使用费和产生规模效益。

品牌特许对经营者的好处是实实在在的，比如华联超市对加盟者的基本投资额为 70～80 万元，同仁堂药店是 50 万元，而对于生产性的生产品牌特许，其加盟的基本投资额在几百万元以上。如果是将品牌（商标权）作价参股投资，则可长期获取资本收益。

品牌给经营者带来的利益还可以通过产品的销售代理环节体现出来。从营销的分销环节来讲，如果是一个不知名的产品，生产者往往要主动去寻找、激励中间商去推动产品的销售。而对于一个知名的产品，中间商则往往会主动去要求做产品的销售代理而不需要厂商从资金上提供推动支持。如海尔集团，由于产品成功地进入欧美市场，且依赖其良好的产品质量和服务质量获得了很好的竞争优势，欧洲的一些代理商主动要求做其代理，并且提前把款项打到海尔的公司账上。过去只有国内代理商争做国外品牌的代理，今天也终于看到了国内品牌在国际市场上的竞争优势。

3. 自主知识产权是企业整合资源的方式

通过自主知识产权战略的动态调节机制，企业在技术开发、市场营销、竞争策略方面能作出适应性调整与整合，培育其适应市场环境变化的组织管理与协调能力，这样也同时适应了其核心竞争力培育的要求。

资源整合是现代企业竞争的客观要求。在知识经济、信息经济和网络经济的冲击下，现代企业竞争已经发展成为一场纵深的全方位竞争，它不仅要求企业自身要有计划地积累更多更深的知识、技能和诀窍，以便逐步培养并增强快速学习和持续改进的意识和能力，而且也要求企业加深对竞争对手的了解，增强从其他企业寻找和获取技术的能力，以便为企业改进现有的竞争战略，打破原有的行业规则和操作程序提供直接的依据和参考，从而最终提高所用技术的性能指标，改进投入品、产出品和业务流程，对市场变化作出快速的反应和实现竞争优势的增强。

总之，在培育企业核心竞争力的过程中，自主知识产权战略发挥着不可替代的作用，它是企业的战略要素与竞争手段。企业是否拥有自主知识产权以及拥有自主知识产权的数量和质量已经成为决定企业竞争优势的关键因素（田力普，2005）。

2.3.2 知识产权与国家竞争优势

"国家竞争优势"这一概念的倡导者迈克尔·E. 波特（1995）认为，支持国家竞争优势的决定因素也是企业维持国际竞争优势的决定因素，要素状况、企业战略、组织结构、竞争者、需求状况、相关和支持产业、政府、偶然事件等能影响企业竞争的环境，推动竞争优势的创造。其中生产要素决定了在产业中竞争的必要投入，如劳动力、可耕种的土地、自然资源、资本和基础设施等都属于生产要素。

不同的要素在产业竞争中具有不同作用，如土地、劳动和资本这些要素太通用而不能在一些战略产业承担竞争优势的作用。有竞争优势的要素取决于怎样有效率地使用这些要素，仅仅是要素的可得性并不足以解释竞争的成功，拥有某些优势要素并不必然意味着具有竞争优势。很多先进和新兴产业在基础设施方面具有要素比较优势，有些产业具有高素质的劳动工人，全球化的企业还能通过在当地或其他国家购买优势要素而获得优势，所以，有效率地调动要素的能力才是竞争优势的关键。

高级和专用要素的可得性和质量决定了竞争优势的深度，也决定了它能达到的潜力和升级速度。要素的优势是动态的，基础要素需要超越使之升值，专用要素需要投资，否则今天的专用要素会变成明天的通用要素。要素之间也需要相互支持配套，否则也会限制其作用的发挥。人力资源和知识资源是提升竞争优势的两个最重要的要素，但如果基础设施滞后，这两个要素也是特别容易贬值的，这也说明了在任何一个时间点上拥有的要素优势是远远不足以解释一个企业或一个国家的持续成功的。这也重复说明了前面的观点，既拥有优势要素并不意味着必然拥有竞争优势，而有效率地调动优势要素的能力才是竞争优势的关键。能力在一个急剧变革的时代显得比什么都重要。

几乎是在迈克尔·E. 波特提出企业在产业定位中建立竞争优势的同时，海默（Hamel）和帕拉德（Prahalad）在1990年提出了核心竞争力的概念。他们认为对企业而言，在全球竞争中处于主宰地位的、强有力的方法往往是无形的。管理的最关键的任务在于创造一种组织，这种组织有能力赋予产品难以抵制或超越的功能，或者更好的方法是能够生产消费者需要但目前还不能想象得到的产品。在短期，企业的竞争来自于产品价格绩效的贡献。在长期，竞争来自于以比竞争对手更低的成本、更快的速度去大量生产市场还未预见到的产品的能力。竞争优势的真正来源在于企业能巩固企业整体的技术和生产技能、并将其转化为企业单个业务单元、快速适应不断变化的环境的综合管理能力。

从以上的分析可以看出，自主知识产权能力是衡量企业核心能力或国家竞争优势的一个重要指标。自主知识产权在国家竞争优势形成中的作用具体表现在以下几个方面：

1. 自主知识产权是强化国家经济和科技安全的基础

“全球问题所凸现的经济安全是一种重视并竭力提高国家经济实力的经济安全”（蔡拓，2002）。而技术水平对于经济发展的积极影响是为理论和实践所证明了的，因而自主知识产权也是强化国家经济和科技安全的基础。这是因为核心专利或者说基础专利是经济安全、尤其是企业经济安全的基础。缺乏基础专利或者基础型计算机软件等知识财产，会给企业甚至给国家的利益带来巨大损失。例如以美国和日本为例，就重要专利而言，美国有104 541项，而日本只有76 984项，因此，在许多专利诉讼中，日本企业受挫，在贸易中损失惨重。再如，微软控制了个人计算机操作系统的市场，在一定程度上威胁其他国家的信息和技术安全。美国是目前全球知识产权的最大创造国和拥有国，是新产品的研发中心，其政策趋向必然是强化而不是弱化知识产权保护。对中国而言，美国一直将知识产权问题看成是中美贸易摩擦升温的一个诱导因素。另外，以美国为代表的发达国家极力主张把自己的产品技术标准推向市场。这种以知识产权和标准问题对我国采取贸易围攻战的方式今后对我国的压力将会越来越大。因此，从国家经济安全角度考虑，我国应避免形成对美专利技术的过度依赖（崔伟，2004）。

此外，拥有自主知识产权，意味着我国经济实力的增强、技术的不断进步。这一方面有利于加强国家间的合作与交流，团结世界上与我国利益一致的国家、尤其是广大发展中国家，在国际知识产权制度演进的过程中向有利于我国的安全和利益的方向上发展，充分保护本国的利益；另一方面与发达国家之间的利害关系也逐渐从“零和博弈”的模式发展到“共存共荣”的新型关系模式（张志成，2004）。

2. 自主知识产权与资源的优化配置与转变经济增长方式

资源的优化配置已经成为现代经济增长质量的基本条件和表现方式。资源的优化配置是指为最大限度地减少宏观经济浪费和实现社会福利最大化而对各种要素进行的有机组合，即通过资源投入方向上的不断变化来保持微观经济主体的竞争优势和宏观经济效率的最大化（陈昌柏，1999）。

所谓资源，就是指对产出创造具备有效增长功能的各种投入的集合。过去，资源主要是指自然资源。大卫·李嘉图的“比较优势”就是建立在自然资源禀赋基础之上的。然而现代经济发展表明，既定的自然资源的配置是经济增长的一个重要因素，但并不是唯一的因素。这种不完全由自然资源存量决定的经济增长能力，使得选择不同模式而在一定程度上跨越自然资源的增长条件的约束成为可能，技术、资金、劳动力、管理等生产要素的有机整合成为经济增长的动力源泉之一。

一般说来，技术作为经济增长中的一种必要的投入要素，已经成为经济学家的共识，但是技术本身并不会自然增长，它只能由一定的人所创造、拥有和利用，这个创造和利用的过程也是一个知识存量的运用过程。因此，知识存量的增长并被有效的应用，是现代经济高比例总量增长和产业结构变化的源泉（陈昌柏，1999）。

此外，自主知识产权由于其外部性，在完全竞争的市场上，很有可能会导致过度生产、重复投资，造成资源浪费。然而自主知识产权的一个显著经济特征就在于其垄断权，一方面通过法律手段限制过度竞争，另一方面自主知识产权的期限限制又保证了自主知识产权资源的充分利用。从这个层面上考虑，自主知识产权可以使资源配置的成本达到最小。

在知识经济时代，知识要素对经济增长起着决定性的作用：

● 科技对经济增长的贡献已经超过资本、劳动等有形要素；

● 服务业、信息业已经代替传统制造业成为经济增长的支柱；

● 高科技产业成为经济发展的推动力；

● 产业更新和升级对劳动者提出更高的素质要求，更多的劳动者变为智力、知识型人才；

● 社会分工与合作日益广泛，对企业家的要求也更为苛刻（王吉法，2004）。

从以上作用可以看出，经济增长方式发生了根本性的改变。我国政府也明确指出，要实现两个转变，即经济增长要从过去的外延扩大再生产为主转变为内涵扩大再生产为主，要从过去的速度型增长转变为效率型增长，那么与之相应的经济结构也要发生改变，知识密集型产业取代劳动密集型产业和资本密集型产业，尤其是以信息业为代表的高技术产业的发展已经成为一个国家竞争优势的突出表现因素。包海波（2004）指出，发展中国家通过实施正确合理的知识产权保护与发展战略，可以促进技术进步和经济增长。

就我国的情况来说，中国是一个发展中国家，缺乏资本与技术，具有自然资源和劳动力资源丰富的优势，而发达国家则具有资本与技术资源丰富的优势。根据“比较优势”理论，中国就应该进口资本与技术密集型产品，出口劳动密集型与资源密集型产品。中国劳动/资源密集型产业在国际竞争中的确有一定的“比较优势”，这一点不仅为我国近二十多年来经济改革与发展的实践所证实，而且这种“比较优势”在现实的国际竞争中也确实存在着。但是我们必须要看到，在发达国家经济增长中，75%靠技术进步，25%靠能源、原材料和劳动力的投入。而我国的情况恰好相反，仍主要靠廉价劳动力、资源消耗、土地占用和优惠政策赢得竞争优势，在国际产业分工中仍处于低端位置，我国主要行业的关键设备与核心技术基本依赖进口。因此，我们需要在原有比较优势的基础上确立一种从总体上进入国际高层次竞争的思路。

建设创新型国家，实现经济增长方式的根本转变，最重要的就是要推动科技进步和创新，提高产业结构的层次，发展高附加值的现代服务业和高新技术产业，尤其要努力打造拥有自主知识产权的强势产业，把增强自主创新能力作为转变增长方式的中心环节。这是“十一五”规划建议提出的重要思想和任务，也是解决新的矛盾和问题的根本之举。

3. 自主知识产权是提升产业技术发展水平的关键

产业技术水平是一个国家科技和经济发展水平的集中体现。当一个国家具备一定的产业技术基础和发展条件，步入一个新的发展阶段时，自主创新就成为进一步提升产业技术水平的主要手段。当我国第一个汽车发动机自主品牌在奇瑞公司诞生时，中国汽车也有了属于自己的“中国芯”。奇瑞老总尹同耀意味深长地说：“发动机这一关上不去，我们制造一辆车，还没有人家一个发动机赚的钱多，所以最后我们就成了一个搬运工。”他的一番话，生动地诠释了我国产业缺乏核心技术的苦楚和着力自主创新的必要。

大力提高原始创新能力、集成创新能力和引进消化吸收再创新能力，提升产业技术水平，这是“十一五”规划提出的重要思想和任务，也是解决产业结构优化升级的关键之举。奇瑞的实践也再次证明，只有依靠自主创新积累起一批适合我国产业发展需要的知识产权，才能够在国际竞争中求得主动。

经验证明，真正的核心技术是买不来的，没有创新是难以持续的，仅靠低附加值的产品出口成不了贸易强国，靠较低技术的产业基础也成不了经济强国。加强培育自己的产业技术能力，既是我国在国际产业分工中争取有利地位的要求，也是在实现我国制造业由大到强的转变中，从根本上摆脱产业技术受制于人这一被动局面的要求。中国产业发展需要更多的奇瑞，期待更多属于自己的“中国芯”。

第3章　知识产权与竞争优势的描述性统计

通过实际调查研究，我国企业知识产权竞争优势的现状可从两个方面进行统计描述：一是知识产权对高新技术产品出口的影响；二是高新技术企业在知识产权能力及其绩效方面的表现。

3.1　自主知识产权对高新技术产品出口的影响

根据统计，自 2000 年以来，中国进出口总额平均增幅达 33.3%，出口增幅平均为 34.3%。世界贸易组织发布的《2005 年世界贸易报告》显示，2005 年我国货物进出口额、出口额和进口额的世界排名均为第三名，继续保持 2004 年的位次。我国占世界货物贸易的比重有所上升，出口比重由上年的 6.5% 上升到 7.3%，增加 0.8 个百分点；进口比重由 5.9% 上升到 6.1%，增加 0.2 个百分点。

然而，中国的许多行业尤其是出口部门，产能在不断增长，投资却无法如期获得应有的回报，这种情况在一些地区和行业被简单地归于供过于求，这是不符合经济发展实情的。正如 Arnoud De Mer（2001）指出的那样，许多中国企业的产量持续在增长，中国需要的不再是传统的大规模标准化生产的工厂，而是能带来创新和发展的高新技术。解决这个问题的唯一方式就是创新，提高生产率，并扩大高新技术产品的出口。高新技术产品出口才是衡量一国科技发展水平和竞争实力的重要指标。Lucas（1988）指出，一国的经济增长率主要取决于所生产商品的技术含量，一国总体的产品出口能力并不是经济增长的本质来源，对经济增长起主要作用的是高技术产品的专业化生产。Peneder（2002）发现，技术拉动的产业和高技能密集型产业的出口对经济总体增长有着正向的效应。因此，技术含量更高的产品出口对各国经济增长都有着正向影响。

另一方面，在全球经济日益一体化的背景下，知识产权已成为国家和企业可持续发展的重要资产，自主知识产权在世界经济、科技和贸易中的重要地位日益显现，并成为促进一个国家经济发展至关重要的因素。随着新技术产业化的迅速发展，知识产权与国际贸易通过两个渠道紧密地结合在一起：一是以知识产权为贸易对象的交易迅速增长；二是涉及知识产权的高技术产品贸易大幅增加。这两类贸易都关系着各国对外贸易的发展空间，尤其关系到各国高新技术产品的出口（王粤，张燕燕，2003）。Tobiason（2004）和Joanna Vinluan（2004）在分析了美国企业知识产权与出口的关系之后指出，知识产权与企业产品出口有着正相关关系。而Pamela J. Smith（1999）和Mohammed Rafiquzzaman（2002）分别在分析美国和加拿大出口对专利的敏感度时发现，弱专利保护将是高新技术产品出口的障碍。随着中国日渐全球化的进程，产品出口逐渐由劳动密集型转向资金—技术密集型，知识产权对产品出口的影响也越来越大（Wu，2000）。

3.1.1 自主知识产权对高新技术产品出口贡献的实证检验

在自主知识产权的三个组成部分——自主专利、自主商标和自主版权中，自主专利最能代表自主知识产权，也是技术含量最高的，因此，在本书数据分析中自主知识产权数据均以自主专利来替代，而且自主专利以全国专利国内授权量来衡量，高新技术产品出口规模以高新技术产品出口金额来衡量。至于高新技术产品竞争力，则借鉴出口产品竞争力的数学计算方法——贸易专业化系数（Trade Specialization Coefficient，TSC）来衡量。

$$\text{贸易专业化系数（TSC）指数} = \frac{\text{出口} - \text{进口}}{\text{出口} + \text{进口}}$$

因此，在本书用高新技术产品的贸易专业化指数来衡量我国高新技术产品的竞争力，指数越大表明竞争力越强。贸易专利化指数大于零，则表示该国在该产品的生产效率方面高于国际水平，具有较强的出口竞争力；贸易专业化指数小于零，则表示该国是该产品的净需求国，出口竞争力比较弱。以上指标采用 1991—2004 年的数据，如表 3-1 所示。

表 3-1　**我国专利国内授权量与高新技术进出口情况数据表**

年份	国内专利授权量（件）	高新技术产品出口额（亿美元）	高新技术产品进口额（亿美元）	TSC
1991	21 178	28.77	94.38	−0.53
1992	28 311	39.96	107.12	−0.46
1993	56 882	46.76	159.09	−0.55
1994	39 777	63.42	205.95	−0.53
1995	41 248	100.91	218.27	−0.37
1996	39 725	126.63	224.69	−0.28
1997	46 389	163.10	238.93	−0.15
1998	61 378	202.51	292.01	−0.18
1999	92 101	247.04	375.98	−0.21
2000	95 236	370.43	525.07	−0.17
2001	99 278	464.57	641.16	−0.16
2002	112 103	678.55	828.39	−0.10
2003	149 588	1 103.20	1 193.00	−0.04
2004	151 328	1 655.40	1 614.32	0.013

数据来源：根据中国科技统计网各年度统计数据整理，http://www.sts.org.cn/

1. 自主专利与高新技术产品出口规模的相关性分析

从表 3-1 可以看出，20 世纪 90 年代以来，我国专利国内授权量与高新技术产品出口均呈上升趋势，国内专利授权量年均增长率达到了43.9%，高新技术产品出口更是增长迅速，从1991年的28.77亿美元增长到了2004年的1 655.4亿美元，从数据上来看，二者之间存在一致的趋势。运行SPSS11.0的相关性检验，得出结果见表3-2。

表3-2 自主专利与高新技术产品出口规模的相关性分析结果

		PATENT	EXPORT
PATENT	Pearson Correlation	1	.906**
	Sig. (2-tailed)	.	.000
	N	14	14
EXPORT	Pearson Correlation	.906**	1
	Sig. (2-tailed)	.000	.
	N	14	14

注：** Correlation is significant at the 0.01 level (2-tailed).

从表3-2可以知道，自主专利与高新技术产品出口规模的相关性系数为0.906，在0.01的水平上呈现高度正相关。因此，要提高高新技术产品的出口规模，必须进一步加大科研投入，增加自主专利的拥有量。

2. 自主专利与高新技术产品出口竞争力的相关性分析

从表3-1的数据来看，2004年以前中国高新技术产品贸易专业化系数均为负，说明中国是高新技术产品的净需求国，高新技术产品出口竞争力比较弱。从走向来看，中国高新技术产品贸易专业化系数在曲折中上升，直到2004年，首次大于零，为0.013。这说明中国高新技术产品的出口竞争力在逐步增强。总体而言，中国高新技术产品出口竞争力的提升是多种作用力的共同结果。在此，对自主专利和中国高新技术产品出口贸易化系数相关性作进一步分析，以总结中国高新技术产品出口竞争力的提升与自主专利的关系。分析结果如表3-3所示。

表 3-3　　自主专利与高新技术产品出口竞争力的相关性分析结果

		PATENT	TSC
PATENT	Pearson Correlation	1	.818**
	Sig. (2-tailed)	.	.000
	N	14	14
TSC	Pearson Correlation	.818**	1
	Sig. (2-tailed)	.000	.
	N	14	14

注：** Correlation is significant at the 0.01 level (2-tailed).

运行结果显示，自主专利与高新技术产品出口竞争力的相关性系数为 0.818，在 0.01 的水平上显著正相关。这说明自主专利水平的提高有利于高新技术产品出口竞争力的提升。

另外，根据科技部和外经贸部确定的中国高新技术产品统计目录，高新技术产品包括计算机与通信技术，生命科学技术、电子技术、计算机集成制造技术、航空航天技术、光电技术、生物技术、材料技术以及其他技术等产品。1998 年至 2004 年间具体数据如表 3-4 所示。

表 3-4　　高新技术产品分领域进出口及贸易专业化系数
（单位：百万美元）

		1998 年	1999 年	2000 年	2001 年	2002 年	2003 年	2004 年
计算机与通信技术	出口	13 670	17 251	27 009	36 223	54 487	91 931	136 215
	进口	11 412	14 914	20 646	23 586	27 890	40 306	50 695
	TSC1	0.09	0.07	0.14	0.21	0.33	0.39	0.27
生命科学技术	出口	1 161	1 067	1 375	1 687	2 362	2 502	3 237
	进口	1 082	1 230	1 651	2 231	3 069	3 062	3 793
	TSC2	0.04	-0.07	-0.09	-0.14	-0.13	-0.10	-0.08

续表

		1998 年	1999 年	2000 年	2001 年	2002 年	2003 年	2004 年
电子技术	出口	2 939	4 206	5 845	5 565	7 503	11 423	18 430
	进口	7 780	11 799	19 325	23 275	34 063	53 591	77 149
	TSC3	-0.45	-0.47	-0.54	-0.61	-0.64	-0.65	-0.61
计算机集成制造技术	出口	365	395	499	599	730	1 028	1 496
	进口	4 448	4 224	5 556	6 637	9 127	11 351	17 402
	TSC4	-0.85	-0.83	-0.84	-0.83	-0.85	-0.83	-0.84
航空航天技术	出口	436	663	691	624	594	755	996
	进口	3 459	3 680	2 653	5 204	4 602	5 501	6 366
	TSC5	-0.78	-0.69	-0.59	-0.79	-0.77	-0.76	-0.73
光电技术	出口	1 019	699	984	1 108	1 426	1 804	3 797
	进口	540	615	932	1 218	1 496	2 185	3 216
	TSC6	0.31	0.06	0.03	-0.05	-0.02	-0.10	0.08
生物技术	出口	113	104	128	166	167	190	219
	进口	30	42	59	66	127	105	108
	TSC7	0.58	0.42	0.36	0.43	0.14	0.29	0.34
材料技术	出口	89	133	317	296	307	412	670
	进口	281	620	790	1 409	1 975	2 441	2 294
	TSC8	-0.52	-0.65	-0.43	-0.65	-0.60	-0.79	-0.55
其他技术	出口	459	186	196	189	281	275	304
	进口	169	473	896	490	489	759	322
	TSC9	0.46	-0.44	-0.64	-0.44	-0.27	-0.47	-0.03

数据来源：均取自海关总署各年度的进出口统计数据并整理计算，TSC1～TSC8 分别指各对应的高技术产品领域进出口贸易专业化系数。

从以上数据可以看出，在我国高新技术产品出口中，计算机技术与生物技术属于具有竞争力的类别，其他高新技术领域均处于劣势，在很多领域表明我国属于净需求国。生命科学技术、光电技术竞争力连年减弱，计算机集成制造技术、航空航天技术、材料技术以及其他技术贸易化专业系数为负并且多年没有改善，这些数据充分表明我国高新技术行业的现状并不乐观，尽管出口绝对数据在增长，但是和世界水平比较还存在较大差距，因此要增强我国高新技术产品出口的平均水平，就必须从各个领域入手，分别加强自主知识产权的产出和保护，以自主知识产权带动产品出口，促进高新技术的良性发展。

3.1.2　结论

从以上分析可以发现，中国自主知识产权对高新技术产品出口的贡献效应是巨大的，对高新技术产品出口规模、出口竞争力都有着强劲的拉动作用。因此，我们必须从战略角度认识自主知识产权的重要性，逐步解决在自主知识产权方面存在的问题，把涉及我国经济命脉的高新技术的知识产权牢牢地掌握在自己手里，提高高新技术产品出口的自主知识产权含量，有针对性地加大专利产出，提高我国高新技术企业在国际上的竞争地位。

3.2　高新技术企业知识产权能力与绩效——基于武汉东湖高新技术开发区的实证研究

这一节和下一节的数据来自两个方面：一是自 1985 年专利法实施以后到 2006 年 1 月期间对武汉市所有提出过专利申请的企业的调查；二是对武汉东湖高新技术企业的创新与专利实施绩效的调查。

武汉市知识产权管理工作在全国具有重要的影响。武汉市知识产权局是国家知识产权试点示范单位（2003），是全国首批获“国家知识产权工作示范城市”（2007 年 11 月）的两个城市之一。武汉市知识产权局被国家人事部和国家知识产权局授予“全国专利系统先进集体”荣誉称号（2007）。2006 年 10 月，武汉东湖高新技术开发区被国家知识产权局批准为全国首家国家知识产权示范园区创建区。2008 年 4 月，“国家知识产权局武汉数据备份中心”在武汉市知识产权局挂牌成立，这也是在北京之外的全国唯一的知识产权数据备份中心。位于武昌东湖之滨的武汉东湖高新技术开发区，更是囊括了众多高等学府、科研机构、著名高新企业，具备一流的基础设施，迄今已经形成了以“武汉·中国光谷”光电子信息产业为龙头，生物工程与新医药、环保、机电一体化、高科技农业等高新技术竞相发展的产业格局，并以每年 30% 以上的经济增长速度在高速发展。本书选择武汉市和武汉东湖高新技术开发区作为研究对象应该具有典型代表性。

3.2.1 样本特征

本书主要以武汉东湖高新技术开发区自 1985 年专利法实施以来到 2006 年 1 月期间所有提出过专利申请的企业作为调研对象。调查问卷共收回有效问卷 159 份，每项问卷涉及单位概况、经济概况、技术创新和知识产权概况三个部分，共计 99 项指标的填报信息。从行业分布来看，本次调查的企事业单位涉及光电子信息、机电一体化、生物医药、环保等前沿行业以及其他各行各业。从注册登记类型来看，将近 40% 为私营企业，25.8% 为股份公司，国有（控股企业）总计 24 家，占总数的 15.1%，此外还有中外合资企业 9 家，外商独资企业 3 家，其他类型企业一共 19 家。从单位性质来看，大部分企事业单位为高新企业，总计为 96 家，占总数的 60.4%。从企业规模来看，本次调查的企事业单位大部分为小型企业，共有 109 家（包括小型、规模以下① 6 家），占总数的 68.6%；其次为中型企业，计 37 家（包括 1 家中型、规模以上），占总额的 23.3%；大型企事业单位总共为 4 家；此外，还有 9 家企业没有填写“企业规模”信息。

---

① “规模以下”是指年销售收入在 500 万元以下的非国有企业。“规模以上”指全部国有企业和当年产品销售收入在 500 万元以下的非国有工业企业。

3.2.2　样本企业知识产权与利税情况

在被调查的 159 家单位中，2005 年申请发明专利 120 项，历年累计 388 项；申请实用新型专利 139 项，历年累计 396 项；申请外观设计专利 206 项，历年累计 267 项。被调查的企事业单位有效专利①中，有效发明专利 2005 年为 145 项，累计 159 项；有效实用新型 2005 年为 190 项，累计 354 项；有效外观设计 2005 年为 70 项，累计 137 项；有效国外专利 2005 年为 2 项，累计 21 项。2005 年有效发明专利结构中实用新型和发明专利分别占 47% 和 36%。

从累计数字来看，被调查企业注册商标中获得国外商标、国内著名商标和驰名商标共 117 个，占注册商标总数的 7.64%；从 2005 年的数字来看，被调查企业注册商标中获得国外商标、国内著名商标及国内驰名商标共 29 个，占 2005 年注册商标总数的 19.33%。

2005 年有 16 家企业进行版权登记，共计 102 件，其中计算机软件版权登记数为 58 件，占总数的 56.9%。累计共有 20 家企业登记版权 553 件，其中 58 件为计算机软件版权。

被调查企事业单位中均没有进行集成电路布图设计登记保护。进行植物新品种权申请的企业有 1 家，即湖北省种子集团公司，共申请了 6 件，其中 2005 年申请 3 件。申请的 6 件植物新品种有 1 件通过审定。

产值情况显示，2004 年 159 家企业中有 69 家企事业单位没有填写工业总产值，其他 90 家企事业单位共实现工业总产值 974 251.89万元；2005 年 159 家企业中有 56 家企事业单位没有填写工业总产值，其他 103 家企事业单位共实现工业总产值 1 128 083.11万元，比上年增加 15.8%。在 2005 年工业总产值中，有 76 家高新技术企业实现工业总产值为979 208.69万元，为 29 家非高新技术企业实现工业总产值148 874.43万元的 6.6 倍，充分体

① 有效专利，指 2005 年和历年向专利行政部门提出专利申请并被授权和目前仍然有效的专利。

现出其“高新”所在。从行业来看，在光电子信息、生物医药、环保和机电一体化四大行业中，光电子信息行业对工业总产值的贡献最大，为440 539.07万元，占总值的39.1%；其次，生物医药行业以153 543.50万元的工业总产值位居第二，占总值的13.6%。在平均工业总产值方面，光电子信息、生物医药、环保和机电一体化四大行业的平均工业总产值分别为16 316.26万元、12 795.29万元、7 202.44万元和4 305.94万元。

利税情况显示，接受调查的159家企事业单位2004年总计利税总额为77 723.88万元，2005年为89 153.17万元，比上年增长11 429.29万元，增长率为14.7%；2005年企业上缴税金总额为55 046.47万元，比上年增加19 534.74万元，增长率达到55%。其中，高新技术企业2005年的利税总额和上缴税额分别为69 276.76万元和43 407.54万元，占利税总额和上缴税额的77.7%和78.9%。由此可见，高新技术产业是高新区利税的重要来源，这也是高新区积极支持高新技术产业发展的有力佐证。

从行业来看，生物医药行业的平均新产品销售收入总额最高，为4 512.3万元，其次为机电一体化行业的3 569.92万元，新产品利税最大者也是生物医药行业，其值为8 274万元，光电子信息、环保行业的新产品销售收入和利税总额不是很理想。

从规模来看，大型企业有着强大的规模优势，2家企业竟然创造了20 320.5万元的新产品收入和4 415.7万元的新产品利税；中小型企业数量众多，其新产品收入占总额的85.3%；虽然大型企业平均销售收入和平均新产品利税较高，但是大型企业数目终究有限，因此大力推进中小企业的自主创新能力，促使其做大做强、发挥规模经济优势和产业化效应是符合经济发展规律的，也是势在必行的。

有专利的新产品的收入及利税情况：2004年开发区内有专利的新产品的销售收入总额为42 494.02万元，有专利的新产品的利税总额为6 583.25万元，2005年开发区内企业有专利的新产品的销售收入和有专利的新产品的利税在2004年的基础上分别增长了31.1%和61.8%，达到55 688.89万元和10 651.37万元。在有专利的新产品的销售收入中，有专利的新产品的利税占其销售收入的19.1%，比新产品利税占新产品收入的14.4%高出4.7个百分点，比总产品利税占总产品收入的6.4%高出12.7个百分点，如图3-1所示。可以明显地看出，有专利的新产品的效益要比其他产品的效益好；同时也可以看出，有专利的产品的收入（占其总额的92%）和利税（占其总额的84%）基本上都来源于高新技术企业，因此，高新技术行业更能发挥高技术优势，拥有较强的产值和利税创造能力。

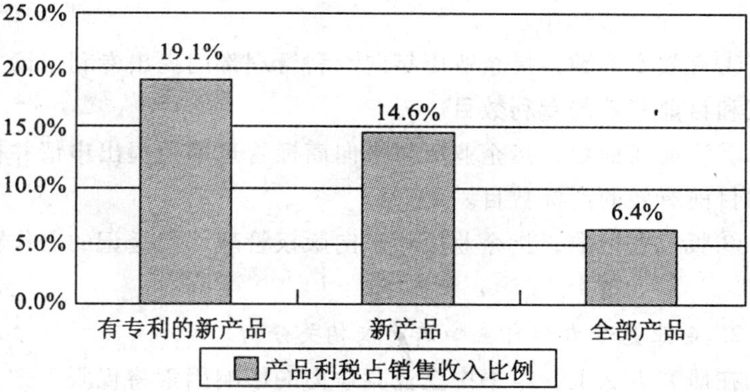

图 3-1　产品利税占销售收入比例

资料来源：作者整理。

3.2.3　知识产权与企业竞争力的相关分析

1. 企业竞争力与知识产权的测度

(1) 企业竞争力

目前，理论与实践上对企业竞争力的评价往往采用多指标综合评价的方法。虽然各种企业核心竞争力评价指标的角度不同，繁简不一，具体指标也各有差导，但是关键指标是一致的。我们知道，企业的竞争力最终是通过市场表现出来的，人们感知最直接的就是企业的市场表现。因此，用企业的市场业绩指标来衡量企业竞争力更具有直观性。综合考虑各种综合评价指标体系，本书选取市场业绩方面的三个指标来综合评价企业的竞争力：

①产品销售收入，主要包括企业全年销售的产成品、自制半成品和提供劳务的收入。

②工业总产值，主要包括企业提供产品和服务的总价值量。

③利税总额，主要包括企业实现的利润和实际上缴的各项税金和费用的总额。

（2）企业自主知识产权的测度

本书对自主知识产权拥有情况的衡量主要以企业拥有的自主专利权、自主商标权、自主著作权的数量来衡量，其中主要指标包括：

①有效专利数，指企业历年向专利管理部门提出专利申请并被授权和目前有效的专利数目。

②注册商标数，指企业历年来向商标管理部门提出申请并被注册和目前有效的商标数目。

③版权登记数，指企业历年来向版权管理部门登记的著作权数目。

2. 企业竞争力和自主知识产权相关分析

在研究方法上，本书中企业竞争力的影响因素将仅限于知识产权这一个变量。这样一来，最适用的统计学分析方法，就是二元相关分析。由于企业竞争力和自主知识产权两个变量都不服从正态分布，因此相关分析采用 Spearman 相关性检验而非 Pearson 相关性检验。

运用 SPSS 软件对收集到的数据进行 Spearman 相关分析，得到的结果如表 3-5 所示。

表 3-5 **企业竞争力与自主知识产权的 Spearman 相关性分析**

		有效专利数	注册商标数	版权登记数
产品销售收入	Correlation Coefficient	0. 322 **	0. 284 **	0. 125
	Sig.（2-tailed）	0.	0. 002	0. 172
	N	120.	120.	120.

续表

		有效专利数	注册商标数	版权登记数
工业总产值	Correlation Coefficient	0.376 **	0.322 **	0.135
	Sig. (2-tailed)	0.	0.001	0.166
	N	106.	106.	106.
利税总额	Correlation Coefficient	0.371 **	0.399 **	0.192
	Sig. (2-tailed)	0.	0.	0.061
	N	96.	96.	96.

注：** Correlation is significant at the 0.01 level (2-tailed).

可以看出，企业拥有的有效专利数量与企业的产品销售收入、工业总产值和利税总额均在 0.01 的水平上显著正相关，相关系数分别为 0.322，0.376，0.371。同时，企业拥有的自主商标数量也与企业竞争力的各个测度指标在 0.01 的水平上均存在着显著正相关关系，相关系数分别为 0.284，0.322，0.399。然而，在自主版权方面，企业的版权登记数量与企业产品销售收入、工业总产值和利税总额都没有显著的相关关系。

3. 研究结论

第一，根据研究结果表明，自主知识产权与企业竞争力之间存在正相关关系。尽管版权登记数与企业竞争力之间的相关关系不是很明显，但是自主专利、自主商标与企业竞争力的测度指标还是存在显著的正相关关系。这也从实证上验证了学者们的共识：自主知识产权与企业竞争力之间存在正相关关系，企业拥有自主知识产权数量的提高有利于企业竞争力的培育，因此企业要积极推进自主知识产权战略，提高自身竞争优势，国家也应该积极鼓励企业形成自主知识产权。

第二，在自主知识产权的各构成要素中，自主专利对企业竞争力的影响最大，与企业竞争力的三个测度指标之间的相关系数均大于 0.3。可见，企业实施自主知识产权战略，应该坚持以自主专利为先导，加快技术革新，较快发展一批重点高新技术产业及产品，拓展企业的市场空间，以利于企业竞争力的提高。国家也应该重点支持企业形成自主专利，为企业进行“技术专利化、专利标准化、标准国际化”提供良好的政策支持。

第三，在自主知识产权的各构成要素中，自主商标数对企业竞争力的影响程度也不容小觑，与企业竞争力的三个测度指标之间的相关系数均在0.3上下，甚至与企业利税总额的相关系数几乎达到0.4。这说明，品牌，尤其是知名品牌，对我国企业的竞争优势的塑造具有重要的影响。由于企业利税的数额与企业的利润成比例，因此也说明，在自主知识产权的各构成要素中，知名品牌的塑造相比于专利而言对企业利润的提高具有更显著的影响。因此，我国企业应该积极树立和维护自主品牌，打出品牌优势，走名牌之路。国家也应该重点扶植企业塑造知名品牌，甚至形成更多的像中国移动、海尔、联想这样的国际知名品牌。

第四，自主版权与企业竞争力之间的相关关系并不显著，这也许是由于侵犯版权相对比较容易，同时版权方面的知识产权保护也相对比较难以开展。图书、音像、软件等行业的企业面对的版权侵犯问题尤为严重，维权也格外困难。因此，拥有更多自主版权的企业，由于侵权比较严重，维权比较困难，因此，难以形成其竞争优势，这就解释了为什么统计分析的结果显示相关性并不显著。

3.3 企业专利收入的方差分析——基于武汉市专利实施情况的调查

3.3.1 样本特征

样本数据来自武汉市所有自1985年专利法实施以来所有专利申请的企业。截至2006年3月31日，共收回问卷1 506份，其中有效问卷712份，涉及专利3 976项。本书随后的各项数据分析（被调查企业）都是指这712家企业3 976项专利的数据结果，不再另行说明。

从数据分布上看，这些企业包括各种性质和规模的企业，遍及各行各业，其中高新技术企业有 298 家，占总数的 41.9%。被调查企业按性质划分为外商控股、港澳台商控股、内资控股三大类，被调查企业按规模划分为大型、中小型和规模以下三类。其中“规模以下”是指年销售收入在 500 万元以下的企业。大中小型企业规模的划分则参照国家统计局统计设计管理司 2003 年 5 月 22 日实施的《统计上大中小型企业划分办法（暂行）》中设定的标准。从企业规模看，被调查的企业主要以中小型企业为主，共有中小型企业 420 家，占总数的 59%；其次为规模以下企业，共计 229 家，占总数的 32%；大型企业占总数的比重为 9%，共有 63 家。被调查企业的行业（“企业所属行业”参照国家统计局于 2002 年 10 月开始实施的国家标准《国民经济行业分类》（GB/T4754-2002））特征绝大部分为制造行业企业，共计 552 家，占总数的 77.5%。其中医药制造业企业有 54 家，专用设备制造企业 75 家，化学原料及化学制品制造企业 35 家，食品制造企业 28 家。信息传输、计算机、电力电能等企业数占总数比重比较小，其中信息传输、计算机服务和软件业企业 20 家，电力、燃气及水的生产和供应业企业 23 家，占全部申请专利企业比例分别不到 3% 和 4%。而金融业只有一家企业，农、林、牧、渔业申请了专利的企业数有 18 家。

3.3.2　样本企业专利实施情况

被调查企业专利实施实现产值的总体情况是：全部 712 家企业中，有 327 家（占申请专利企业总数的 46%）企业①的专利实现产值或许可转让收入共计1 668 554万元，实现利税201 720.4万元；3 976项申请专利中，有 907 项实现产值，占申请专利总数的 23%，共计实现产值1 667 198.15万元，实现利税201 720.36万元。其中

① 其中有一家企业一项专利作为自用没有计算产值，一家企业一项专利无法准确计算，还有许多企业对产值和利税栏没有填写。此类情况在本书中均视为其专利未能实现产值及利税。此外，省级企业报上来的企业中全部没有产值和利税信息。

174 家高新企业拥有专利 594 项，占实现产值专利总数的 65%，实现产值1 237 504.02万元，实现利税167 438.30万元，分别占总量的 74.2% 和 83%，高新企业单项专利均产值为2 083.34万元，而非高新企业单项专利均产值为1 355.50万元，高新企业单项专利均产值明显高于非高新企业。这一定程度上反映出武汉市高新企业的潜力和优势，特别是实现产值的专利大部分来源于高新企业，科技含量大，质量较好，盈利能力也较显著。

此外，在进行数据统计处理时，对产值和利税栏没填的一律作零处理。实际实施专利的产值和利税额应大于此次问卷中显示的数字，如湖北法雷奥车灯有限公司共计获得 5 项外观设计专利，其中 2 项箱灯和翼灯为桑塔纳 3000 的配件，而在回收的调查问卷上，其产值及利税一项均没有填写，显然与实际情况不符。

1. 不同性质企业专利实施情况

从专利实施效果来看，国有控股企业占有较明显的优势，不论在产值、利税方面均超过其他类型的企业，58 家企业共实现产值683 069.7万元，实现利税42 673.1万元；而且单项专利的均产值为3 299.9万元，也高于其他类型企业，甚至超过外资企业的2 816.9万元。而私人控股的企业虽然在专利申请活动上表现积极，共有实现产值专利 561 项，实现产值666 019.7万元，利税107 939.9万元，但专利实施效果却不理想，单项专利均产值在四类企业中最低，为1 187.2万元。

2. 不同规模企业专利实施情况

实现产值专利的企业，中大型企业有 17 家，拥有 81 项专利，实现产值和利税分别为499 600.7万元和49 402.3万元；中小型企业 205 家，共拥有 624 项专利，实现产值和利税分别为1 051 151.5万元和141 101.1万元；规模以下企业 105 家，共拥有 207 项专利，实现产值和利税分别为117 801.9万元和11 217.0万元。各种类型规模企业的单项专利均产值分别为6 167.9万元、1 684.5万元、569.1万元，与其各自企业规模相对应，即大型企业专业实施和转化具有明显优势。

3. 不同行业专利实施情况

从不同行业企业拥有的专利以及实施情况来看，制造行业的企业在专业申请和实施方面优势明显，占总数的绝大部分。制造行业企业共拥有专利2 271项，实现产值1 233 554.2万元，实现利税159 955.8万元；其次为建筑业企业，有 59 项专利，实现产值240 363.3万元，实现利税16 566.5万元。文化、教育和娱乐业，科学研究、技术服务和地质勘查业，信息传输、计算机服务和软件业，电力、燃气及水的生产和供应业，以及交通运输、仓储和邮政业等行业，专利拥有量与实现产值产出却极为不对称，就专利拥有量而言，这些行业在武汉市专利拥有量行业排名中居前几位，拥有较多的专利确并没有获得相应利税产出，说明这些行业的专利实施存在很大问题，专利市场化方面尚存在很大差距，尤其是信息传输、计算机服务和软件业这类高科技行业。在第三产业，拥有专利的企业比较少，其实施状况也并不理想。

3.3.3　企业专利收入的方差分析

本书的样本采用前面描述过的武汉市 712 家企业，旨在运用统计分析方法，深入挖掘这些企业3 976项专利所反映的信息，以此来检验“是否高新”、“企业性质”和“企业规模”三个控制变量分别是否会对“专利收入”水平产生不同的显著影响。

1. 变量

作者认为，有价值的专利应该是产生了收入的专利。国家支持企业发展自主专利，应该支持那些能够凭借专利获得收入的企业。因此，本节实证研究涉及的一个重要变量就是“专利收入”。获得收入的专利，其所属的企业可以具有不同的特点，如是否高新技术企业、是国有企业还是私营企业、企业的规模大小等。因此，本节主要涉及三个控制变量，即“是否高新”、“企业性质”和“企业规模”。

“专利收入”变量的数据来源于对武汉市企业的调查，其数值为“专利实施收入”、“专利许可收入”和“专利转让收入”三项数据之和。其中，“专利实施收入”比较难以计量，因为企业自己实施专利所获得的收入，往往是整个项目的综合收入，专利在其中的贡献度为多少，没有一个固定的标准。本书采用让企业管理人员进行估算的方法来获得“专利实施收入”的数据，因为相对于外部人来说，企业管理人员最有资格对“专利实施收入”的多少作出评估。而“专利许可收入”和“专利转让收入”比较容易计量，一般直接反映在企业的会计系统中。

“是否高新”变量的数据对应于该专利的申请企业。“是否高新”变量的取值是二分变量，即只有“是”和“否”两种选择。

“企业性质”变量的数据也对应于该专利的申请企业。“企业性质”变量的取值有“外商控股企业”、“港澳台商控股企业”、“国有控股企业”、“集体控股企业”和“私人控股企业”等。

“企业规模”变量的数据同样对应于该专利的申请企业。“企业规模”变量的取值有“大型企业”、“中小型企业”和“规模以下企业”等。

综上所述，因变量是连续变量，而3个控制变量都是定类变量。

由于3个控制变量都是分类变量，而因变量是连续变量，因此，适于采用的分析方法为方差分析（ANOVA）。方差分析又称变异数分析或F检验，其目的是推断两组或多组资料的总体均数是否相同，检验两个或多个样本均数的差异是否有统计学意义。以“是否高新”为控制变量为例，将企业按照“是否高新”分为两组，两组的平均专利收入会有差异。这个差异是由于抽样误差带来的差异，还是由于高新技术企业与非高新技术企业的实现专利收入的能力本身就有不同，这个问题可以通过方差分析来检验。

2. 统计分析结果

运用SPSS软件对收集到的数据以“是否高新”为控制变量、以“专利收入”为因变量进行单因素方差分析（One-way ANOVA），得到的结果如表3-6和表3-7所示。

由表3-6可知，样本中由“非高新技术企业”申请的专利有411件，而由“非高新技术企业”申请的专利有1 170件。在“非高新技术企业”中，每件专利平均实现收入499.751 8万元，而在

表 3-6　以“是否高新”为分组变量的“专利收入”的描述统计结果

	N	Mean	Std. Deviation	Std. Error	Minimum	Maximum
非高新技术企业	411	499. 7518	4470. 857	220. 5311	0	81372
高新技术企业	1170	979. 6577	16853. 06	492. 7036	0	564973
Total	1581	854. 9003	14675. 63	369. 0888	0	564973

注:表内数据为 SPSS 软件运行输出结果。

表 3-7　以“是否高新”为分组变量的“专利收入”的方差分析结果

	Sum of Squares	df	Mean Square	F	Sig.
Between Groups	70049970. 94	1	70049970. 94	0. 32510885	0. 568634587
Within Groups	3. 40221E + 11	1579	215466207. 3		
Total	3. 40291E + 11	1580			

注:表内数据为 SPSS 软件运行输出结果。

"高新技术企业"中，每件专利平均实现收入979.657 7万元。可见，按照"是否高新"进行分组，两组专利的"专利收入"的平均值是有差异的，而且高新技术企业的专利实现的收入的平均值要大于非高新技术企业。然而，经过方差分析检验，如表3-7所示，这种差异的显著性水平为0.568，表现为不显著，也就是说，某项专利的申请企业是否高新技术企业，对该项专利的专利收入的期望没有显著影响，即"是否高新"并不能影响"专利收入"的期望值。

运用SPSS软件对收集到的数据以"企业性质"为控制变量、以"专利收入"为因变量进行单因素方差分析（One-way ANOVA），得到的结果如表3-8和表3-9所示。

由表3-8可知，样本中由"外商控股企业"申请的专利有21件，由"港澳台商控股企业"申请的专利有79件，由"国有控股企业"申请的专利有365件，由"集体控股企业"申请的专利有167件，由"私人控股企业"申请的专利有949件。在"外商控股企业"中，每件专利平均实现收入609.604 762万元，在"港澳台商控股企业"中，每件专利平均实现收入21.443 038万元，在"国有控股企业"中，每件专利平均实现收入854.753 534万元，在"集体控股企业"中，每件专利平均实现收入928.961 677万元，在"私人控股企业"中，每件专利平均实现收入916.733 509万元。可见，按照"企业性质"进行分组，五组专利的"专利收入"的平均值是有差异的，而且同属于内资控股的"国有控股企业"、"集体控股企业"和"私人控股企业"的专利收入的平均值要大于其他类别的企业。然而，经过方差分析检验，如表3-9所示，这种差异的显著性水平为0.99，表现为不显著，也就是说，某项专利的申请企业是内资还是外资、是国有还是私营，对该项专利的专利收入的期望没有显著影响，即"企业性质"并不能影响"专利收入"的期望值。

运用SPSS软件对收集到的数据以"企业规模"为控制变量、以"专利收入"为因变量进行单因素方差分析（One-way ANOVA），得到的结果如表3-10和表3-11所示。

表 3-8　以“企业性质”为分组变量的“专利收入”的描述统计结果

	N	Mean	Std. Deviation	Std. Error	Minimum	Maximum
外商控股企业	21	609.604762	1508.8537	329.258873	0	4623
港澳台商控股企业	79	21.443038	96.5126	10.858518	0	751
国有控股企业	365	854.753534	4865.3231	254.662651	0	81372
集体控股企业	167	928.961677	6553.5838	507.131541	0	72406
私人控股企业	949	916.733509	18499.5797	600.521769	0	564973
Total	1581	854.900341	14675.6319	369.088807	0	564973

注:表内数据为 SPSS 软件运行输出结果。

表 3-9　以“企业性质”为分组变量的“专利收入”的方差分析结果

	Sum of Squares	df	Mean Square	F	Sig.
Between Groups	60685370.1	4	15171342.52	0.070275991	0.990991735
Within Groups	3.40231E+11	1576	215882300.7		
Total	3.40291E+11	1580			

注:表内数据为 SPSS 软件运行输出结果。

表 3-10　以“企业规模”为分组变量的“专利收入”的描述统计结果

	N	Mean	Std. Deviation	Std. Error	Minimum	Maximum
大型企业	175	1107. 726	6888. 8314	520. 746709	0	81372
中小型企业	1166	929. 334	16837. 5372	493. 093516	0	564973
规模以下企业	240	308. 925	2638. 6762	170. 325813	0	40000
Total	1581	854. 900	14675. 6319	369. 088807	0	564973

注:表内数据为 SPSS 软件运行输出结果。

表 3-11　以“企业规模”为分组变量的“专利收入”的方差分析结果

	Sum of Squares	df	Mean Square	F	Sig.
Between Groups	89187565. 01	2	44593782. 5	0. 206844722	0. 813167948
Within Groups	3. 40202E + 11	1578	215590623. 4		
Total	3. 40291E + 11	1580			

注:表内数据为 SPSS 软件运行输出结果。

由表 3-10 可知，样本中，由“大型企业”申请的专利有 175 件，由“中小型企业”申请的专利有1 166件，由“规模以下企业”申请的专利有 240 件。在“大型企业”中，每件专利平均实现收入1 107.726万元，在“中小型企业”中，每件专利平均实现收入 929.334 万元，在“规模以下企业”中，每件专利平均实现收入 308.925 万元。可见，按照“企业规模”进行分组，三组专利的“专利收入”的平均值是有差异的，而且，大规模企业的专利收入的平均值要大于小规模的企业。然而，经过方差分析检验，如表 3-11 所示，这种差异的显著性水平为 0.81，表现为不显著，也就是说，某项专利的申请企业是大型、中小型还是规模以下，对该项专利的专利收入的期望没有显著影响，即“企业规模”并不能影响“专利收入”的期望值。

3. 研究结论

第一，本节的研究结果表明，不同特点的企业，其专利实现的收入的期望值是有差异的。具体来讲，高新技术企业的专利收入的期望值大于非高新技术企业，内资控股企业的专利收入的期望值大于外资控股企业，大规模企业的专利收入的期望值大于小规模企业。这一结论基本符合人们的主观判断。不过，鉴于有些人会认为，外资企业或跨国企业应该具有更高的技术创新水平和相应更高的专利收入，本节的实证研究证明，外资企业的专利收入并不如内资企业高，这说明外资企业目前在我国仍然是以使用廉价劳动力为主，以技术转移和研究开发为辅，而我国的内资企业，无论是国有、集体还是私营，专利收入的期望值都要大于外资企业。

第二，本节的研究结果表明，企业是否高新技术企业对企业专利的收入的期望值并不存在显著影响，企业的性质如何对企业专利收入的期望值也不存在显著影响，企业规模的大小对企业专利收入的期望值同样不存在显著影响。这说明，企业专利的实现收入的能力，并不取决于其是否高新、企业性质和企业规模，而取决于其他潜在的未发现的因素。这一结论告诉我们，不能因为一个企业为非高新技术企业就断定其专利实现收入的能力会比高新技术企业低。其他因素同理。

下　篇

企业自主知识产权能力发展的对策研究

下篇重点分析企业自主知识产权能力建设的主要内容、策略与方法。

具体内容是:

第四章，分析企业知识产权战略，尤其是专利联盟战略如何与标准化战略组合协调运用。

第五章，分析企业研发成果如何转化为市场价值，重点介绍科技研发成果转化的几种模式以及研发成果商业化过程中的营销策略。

第六章，分析企业的品牌战略，了解知名品牌如何形成，如何通过品牌建立竞争优势。

第七章，分析企业国际化过程中的知识产权战略，尤其是知识产权的保护。

第八章，分析政府在企业知识产权能力建设中的作用与行为方式，并对美国、日本的知识产权政策作简单介绍，以资借鉴。

第4章　技术标准化与专利联盟战略

长期以来，一国要提升其产业竞争力乃至国家竞争力，一个非常关键甚至可以说是决定性的因素就是技术。日本、韩国等国家曾经提出“技术立国”，再到“知识产权立国”，再到“标准立国”，这反映了国际竞争的动态性和复杂性。

4.1　标准战略与竞争优势

4.1.1　标准

国际标准化组织（ISO）与国际电工委员会（IEC）1991 年联合发布的第二号指南（ISO/IEC Guide 2）《标准化和有关领域的通用术语及其定义》将标准（standard）定义为：“得到一致（绝大多数）同意，并经公认的标准化团体批准，作为工作或者工作成果的衡量准则、规则或者特性要求，供（有关各方）共同重复使用的文件，目的是在给定范围内达到最佳优序化程序。”

我国国家标准 GB/T2000. 1-2002《标准化工作指南 第一部分：标准化和相关活动的通用词汇》对“标准”所下的定义是：“为了在一定范围内获得最佳秩序，经协商一致制定并由公认机构批准，共同使用和重复使用的一种规范性文件。”

以上两种定义，各从不同侧面揭示了“标准”这一概念的含义，具体可以归纳为以下几点：

(1) 标准的出发点是为在一定范围内获得最佳秩序。这里的“最佳秩序”是就整体或全局而言的，不同级别的标准，其所对应的整体或全局的范围亦不相同。

（2）标准是对活动或其结果规定共同的和重复使用的规则、导则或特性的文件。标准源于实践，高于实践，又必须回到实践中去指导实践才能发挥作用，才能得到检验和进一步发展。因此，只有具有共同的和重复特性的事物和概念，才能把以往的经验加以累计，才有制定标准的可能和必要。标准制定、修订的过程就是人类实践经验不断积累与不断深化的过程。

（3）标准的本质特征是统一。标准的作用是在一定范围内共同使用。不同级别的标准是在不同范围内进行统一，"共同使用"是指不同类型的标准是从不同角度、不同侧面进行统一。不需要统一的客观事物，没有必要制定标准。

（4）标准是以科学、技术和经验的综合成果为基础并经协商一致制定。标准的社会功能是固化和推广社会已积累的科学、技术和经验的综合成果，促进科学技术水平的进一步提高和生产的进一步发展。因此，标准所固化的内容应符合客观规律和具有普遍性，必须以科学技术和实践经验的综合成果为依据，同时又促进标准更具有科学性、普遍性和权威性。标准的基础越扎实、牢固，标准越具有群众性、实践性和权威性。

（5）标准必须经一个公认机构的批准。这旨在保证标准的质量和权威性。

总之，所有的标准都应满足以下要求：

● 标准要有一定的科学性；

● 制定标准的目的是为了促进生产、加强管理、发展贸易、扩大交流；

● 制定、使用标准的动力是谋求利益的共同性；

● 标准的内容涉及的是技术（某些标准中也涉及一些管理性条款，但这也是与技术条款配合使用的）；

● 标准要具备统一的格式；

● 标准需由专家组成的技术委员会起草或审定；

● 标准必须经过特定的程序产生，这些程序一定要体现出充分的协商一致性；

● 标准经权威部门审批发布；

● 为了保障标准的科学性和实用性，标准要实施一系列的动态管理。

4.1.2　标准化

对于标准化（standardization）的定义，第二号指南（ISO/IEC Guide2）的阐述如下："标准化是为了所有有关方面的利益，特别是为了促进经济的发展，并适当考虑产品的使用条件与安全要求，在所有有关方面的协作下，进行有秩序的活动所制定并实施标准的过程。"

ISO/IEC 关于标准化的定义比较有权威性，通过这个定义，标准化的内涵包括以下几点：

（1）标准化是在一定范围内的活动。因此，标准化按照范围可分为：国际标准化（所有国家有关机构都参加的标准化）、区域标准化（仅世界某个地理、政治或经济区域内的国家有关机构可参与的标准化）、国家标准化（在国家一级进行的标准化）和地方标准化（在一个国家的地区一级进行的标准化）；还可分为行业标准化和企业标准化。

（2）标准化不是孤立事物，而是活动的过程，即主要是制定标准、贯彻标准、修订标准的过程。这个过程不是一次就完结，而是不断循环、螺旋上升的过程。每完成一个循环，标准水平就提高一步。标准化的活动过程也体现了标准化的基本任务。

（3）标准化的效果，只有当标准在社会实践中实施以后，才能表现出来。因此，在标准化活动中贯彻标准是重要环节。

（4）由于近年来科学技术飞速发展和市场竞争日益激烈，产品和服务向多样化方向发展，以往那种单一品种大批量生产的标准化活动已不适于当今社会。因此，标准化的重要意义还在于改进产品、过程和服务的适用性。同时，经济全球化的发展趋势，要求在国际贸易中采用国际标准，作为消除贸易壁垒，促进技术进步的一种手段。

4.1.3 标准战略与国家、企业竞争优势

通常，一项技术专利影响的只是一个或若干个企业，而一种标准影响的却是一个产业，甚至是一个国家的竞争力。谁掌握了标准的制定权，谁的技术成为标准，谁就掌握了市场的主动权。在这场“赢者通吃”的标准战中，企业要想有所作为，必须制定自己的标准战略。

现在，国际标准化组织的领导权和标准制定权主要由发达国家把持着，所形成的国际标准体系为发达国家和发展中国家所带来的利益并不对称。具体来说，由发达国家把持制定的国际标准对于发达国家来说几乎没有任何障碍，它们的产品在发展中国家能够长驱直入，而对于发展中国家，这些技术标准则是其出口的铜墙铁壁。纵观国际众多知名企业，无一不是运用专利战略和标准战略的高手。丰田公司总裁奥田硕经常说的一句话就是：“今后，丰田必须在制定汽车工业技术标准中掌握主动权。”近几年来，我国有许多企业在遭遇“软绳套猛虎”事件（一些原本红红火火的企业，只是由于国外一个小小的技术标准的关卡就陷入了泥潭）后，技术标准战略意识才开始增强。

例如在家电业，2000 年以来，掌握 DVD 标准核心技术专利的三大企业联盟组织 6C、3C 和 1C 轮流在中国掀起了一阵阵索要专利许可费的波澜，巨额的专利许可税势必给刚刚展露生机的中国 DVD 市场和制造厂商带来致命的打击。另一方面，利用反倾销诉讼正面阻击本土企业的成本优势，在直接阻击中国制造在全球的出口和销售的同时，它们主动在中国发起价格战，蚕食我国企业的市场份额。

在世界经济全球化的今天，企业核心竞争的优势已经不再是本土化的优势、低成本生产优势等低级竞争优势，而是核心技术和相应的知识产权、标准、品牌等高级竞争优势。我国企业要清醒地认识到：知识产权比知识本身更重要，技术标准比技术本身更重要。知识产权是知识价值的商业化、资本化以及权利化、标准许可化。跨国公司将自己知识产权塞进标准，通过运作标准达到出售技术专

利的目的，通过标准推出的节奏控制着市场竞争节奏和游戏的规则，进而控制竞争对手。目前中国企业虽然占据制造与组装、中国本土市场的分销等环节，但是如果不在知识产权和技术标准上有所作为，就不可能形成真正的核心竞争优势，就可能永远受制于人。

标准战略对于企业竞争力的表现从技术标准角度来看可以理解为三个阶段。

第一阶段为“我有的技术你没有”阶段。

如果企业凭占有某种技术所构成的产品赢得市场，就会形成在某一时期市场中的独特优势。但是这种技术，竞争者很容易掌握和模仿，很快会从“我有你没有”的技术变成“我有你也有”的技术。我国家电产品的发展就印证了这样的途径。电视机、电冰箱、空调机和电脑等产品的厂家常常只能在销售价格和售后服务上下工夫，如果没有技术上的重大突破，各大厂家在竞争中的优势就不会十分明显。

第二阶段为“用我的技术要付出代价”阶段。

如果企业的技术以专利的形式得到保护，那么，企业就会获得使用“我的技术”的费用。这时，企业不仅获得收益而且会大大增加本企业产品在市场竞争中的优势地位。我国 DVD 产品虽然已经占据世界总产量的 90% 左右，但生产 DVD 的中国企业的机芯、解码芯片和光学头等元器件大多由国外进口。这些元器件的专利技术由国外厂家联盟拥有，对于出口的产品每台需付人民币约 200 元，对于内销的产品每台需付人民币约 100 元。

第三阶段为“别人都用我的技术”阶段。

如果以企业的技术为基础，形成了行业或国家的技术标准，甚至国际标准，谁要进入这个行业，就必须应用这个技术标准。显然，这个具有本企业核心技术的标准，使企业在行业中处于不易超越的领先地位，具有“近水楼台先得月”的巨大优势，通过市场的拓展会很快地收回技术开发的成本，并可以牢牢地控制、掌握专业技术发展和标准制定的主导权。这也就是国际上跨国公司积极参与和设法控制国际技术标准制定权的原因。

例如，手机市场的快速发展，促使移动通信的运营商不断扩展服务领域。如今第三代移动通信（3G）已经成为最大的潜在市场，显然，3G标准也就成为人们关注的焦点。想当初，中国制定3G标准时，有欧洲方案、日本方案、大唐等企业联合提出的中国方案。3G标准制定权是我国移动通信企业培育核心竞争力的关键。所谓“三流企业卖产品，二流企业卖技术，一流企业卖专利，超一流企业卖标准”就是这个含义。

由上可见，技术标准与企业核心竞争力有着密不可分的关系，是企业核心竞争力的重要组成部分。技术标准战略之所以成为我国科技工作的三大战略之一，是因为制定技术标准的实质就是制定竞争规则。世界发达国家利用自身先进的技术优势，主导技术标准的制定，通过“标准壁垒”（及标准背后隐藏的专利）来抑制竞争对手，达到独占核心技术、控制市场的目的。我国目前技术标准的总体水平落后，将标准用做竞争手段的能力薄弱，因此在经济贸易活动中经常受制于人。为了改变这种被动局面，国家鼓励科技进步和科技创新，提倡将科技成果权力化和规范化。科技成果权力化意味着专利的产生，规范化则意味着标准的制定和修订。企业作为市场经济的主体，承担着将技术成果转化为生产力的责任，如果能够将具有专利的核心技术或独有技术制定成为标准并使之成为国家标准或国际标准，企业在市场竞争中将处于主导地位。如果竞争对手要遵守标准，就得向你购买专利、技术，支付专利、技术许可费，或者花更多的时间和费用去研究新的技术来绕开你的专利保护权属范围，在时间或成本上自然就会落后于你。正因为如此，企业在新技术的研究应用和新产品的设计开发中，不仅要有专利意识，更要有标准意识。企业实施技术标准战略，将技术标准作为市场竞争的“大规模杀伤性武器”，无论是谋求行业领域的技术垄断，还是控制市场的竞争格局，都处于十分明显的优势地位。

4.2 标准战略与知识产权战略的分离与融合

标准战略与知识产权战略既相互区别，又密切联系。协同运用好这两个战略需要具备很好的国际贸易法律方面的知识和很高的商业智慧。

4.2.1　标准战略与知识产权战略的联系与差异

前面讲过，标准就是一个专利池（patent pool），是知识产权的载体。知识产权是标准的内容，是利益分配的根据。因此，标准战略从本质上说是知识产权战略的高级形式。标准战略就是通过建立标准将专利技术纳入标准体系，按照专利池运作方式，推行标准的同时捆绑销售自己知识产权，收取标准涉及的所有专利的许可费，谋取高垄断利益，阻挡后发达国家进入国际市场，占领后发达国家的市场，并且长期控制后发达国家的产业发展路径。

现实中，我们对于标准的全球技术许可战略有许多认识上的误区。有许多人认为许可本身仅仅就是标准的许可，也有人认为只要建立标准就可以坐享技术许可的成果。殊不知技术标准许可的实质是专利的许可。现代技术标准的全球技术许可战略是高水平的知识产权管理的系统工程，这一管理工作在建立标准之前就先行介入了，沿用了“技术专利化→专利标准化→标准垄断化”这一思路，并且贯穿于全球技术许可战略的实施中。技术标准许可的实质就是知识产权的许可，这一点必须明确。

依据欧美等发达国家的经验，知识产权战略管理的工作从建立标准的初期就要介入。首先，是申请专利。专利技术是技术标准实施许可战略的基础，而在专利申请之前的技术标准的公布，往往又会造成专利的“新颖性”丧失，从而失去获得专利的可能，这会使标准技术的对外许可效益大打折扣。其次，是在技术标准化阶段将这些专利技术融入标准中，在构建标准的同时就要构建此标准体系的技术许可框架。最后，才是标准建立后全球技术许可的实施。在每一个阶段，由于标准技术的不同，又会有不同的操作，因此又体现出许多知识产权管理战略。

标准的作用与知识产权的作用各有其特点，标准的最主要作用就是市场统一，而知识产权的作用就是一定的垄断性及其带来的经济利益。一旦能找到契合点将这二者结合起来，其威力和影响力就非同凡响，其效果绝不是简单的 1 + 1 = 2，而是 1 + 1 > 2。现代技术标准，就是成功地利用专利技术和标准化工作的特点，巧妙地将全球技术许可战略构建在技术标准之中，技术标准的全球技术许可战略就是这样典型的 1 +1 >2 战略，使标准战略与知识产权战略你中有我，我中有你，巧妙地结合在一起。①

4.2.2 标准战略与知识产权战略融合的趋势

在传统产业中，标准和知识产权似乎毫不相干，甚至二者在性质和价值取向上都是相互背离的。标准关注于公知领域的技术，而知识产权中的专利关注独占领域的技术；标准是检验产品合格的一个平均判断尺度，专利则代表着最前沿技术的发展。然而这种状况在蓬勃兴起的高新技术领域发生了根本性的变化。高新技术领域的标准制定必须以该领域不断更新的科学技术为依托，而这些科学技术常常含有包括版权、专利权等在内的各种知识产权。由此可见，标准与知识产权紧密关联：一方面，在某些领域的标准制定中已经无法回避所选技术方案的知识产权问题；另一方面，越来越多的知识产权所有者也积极寻求将其含有知识产权的技术方案与标准相结合，从而展开自己的知识产权战略，巩固其市场优势地位。因此，随着世界经济向区域化、全球化方向的发展以及现代科学技术的发展，标准与知识产权的结合就成了近年备受关注的新现象。具体来说，两者结合的原因在于以下三点：

1. 标准的科学性与“专利灌丛”现象

标准的制定和贯彻必须以科学、技术和实践经验的综合成果为依据。标准的制定不是源于制定者的随心所欲，而是受某一时期、某一领域的科学技术发展水平高低的限制。然而，在知识经济时代，新技术存在的状态已经较过去有了很大的改变。新技术的掌握者大多寻求知识产权保护自己的新技术，而且某一项尖端技术往往包含多个技术方案并分别为不同的知识产权所有人所掌握，附有内容不同的知识产权。以专利权为例，当某一技术领域存在多项专利

---

① 张平、马骁：《标准化与知识产权战略》，知识产权出版社 2002 年版，第 31 页。

技术时，要将该技术商业化就必须获得多次授权，美国学者将这种现象称为“专利灌丛”（patent thicket）。同样，标准的制定、实施也会遇到类似于专利灌丛的问题。例如在互联网技术发展的第一个十年里，还没有什么专利技术对该领域有重大的影响，因此互联网工程特别工作组 IETF 原来的观点是在标准化工作中尽量采用非专利技术的优秀技术，如果涉及专利授权问题，就会影响人们采用该标准的兴趣。然而到了互联网技术发展的第二个十年，由于软件技术、电信技术和互联网技术紧密结合，使得互联网相关标准在建立时无法回避专利技术，几乎所有的技术都被专利所覆盖，由此 IEFT 不得不改变了其对专利的态度，开始制定有关知识产权政策。

2. 标准的协商基础与知识产权的专有性

当一些标准化组织发现，从技术层面上讲某些标准的制定难以回避含有知识产权的技术方案时，其最初的反应是要求知识产权人放弃权力，但事实证明这种简单化的解决思路根本无法付诸于实践。

1983 年，欧洲电信协会（CEPC）主持起草全球移动通信系统 GSM 标准，要求掌握相关核心技术的公司都无偿许可使用其专利技术，否则该公司将不能在合同中就通信设备自由定价。这一提案遭到了众多专利权人的强烈反对，致使 GSM 标准迟迟无法出台。为此欧洲委员会在 1988 年特别成立了一个独立的欧洲标准化机构——欧洲电信标准学会（ETSI）。1993 年 3 月，ETSI 出台了所谓的“缺席许可规则”。该规则规定，如果专利权人不特别声明则推定其统一“公平、合理、非歧视性”的许可；在标准化会议将该专利技术纳入标准后的 180 天内，专利权人有权提出收回许可。这一许可方案又遭到了专利权人的反对。由于仅摩托罗拉一家公司就拥有支持 GSM 标准的 30 项核心专利技术，没有其支持，GSM 标准根本无法实施，为此，ETSI 最终决定专利权人有决定是否许可的自由。

可见，标准的制定应以全体一致同意为基础，而其实施也只有通过一切有关者的互相协作才能成功。标准化的效果只有在标准被实行时才能表现出来，否则即使被硬性发布了，标准不实施也毫无价值可言。因此，完全舍弃知识产权人合法利益的做法只能导致丧失知识产权人作为标准参与者的支持，最终影响标准本身的制定和实施。

3. 标准的本质与知识产权权力的行使

标准是一种规定，其本质在于统一。在某一领域内，凡是接受标准的参与者都应遵守该标准的规定，按照其要求进行生产经营。而知识产权人行使权力的重要方式之一是许可授权。当知识产权人意欲许可授权时，必然希望有更多的被许可者，且其许可授权是独一无二、没有竞争对手的。很明显，如果某项知识产权被纳入到某标准之中，则意味着参与其中的所有成员都会使用该项知识产权，而其前提就是获得该知识产权人的许可授权，这无疑扩展了知识产权许可的范围，增强了许可授权的力度。

除了上述三方面的原因之外，标准化组织自身也意识到，综合运用知识产权政策对科学地进行标准化管理的重要性。例如，加强对标准化组织颁布的各种文件的版权管理，不仅有利于标准化组织以更多的形式（包括互联网）宣传其工作成果，还能获得一定的财政收入，以支持标准化组织实现其各项工作目标。又如，将标准化组织的标识注册为证明商标进行管理，就可以用许可使用商标的方式来使用许可标识，确保使用该标识者都是经过该标准化组织的认证或符合其标准要求的。

综上所述，知识产权与标准的结合是科技进步、经济发展的必然结果，特别在高科技领域几乎是无可避免的。因此，一方面，标准化组织需要制定相应的知识产权政策，以求对知识产权人行使标准所涉及的知识产权的行为进行正确的规制和引导；另一方面，标准化组织也需要综合运用包括版权和商标权在内的各种知识产权，为标准的制定和实施提供保证，并为标准化组织本身带来一定的收益。

4.3 我国企业标准战略的建立与运用

标准战略是技术战略的延伸，也是技术战略和知识产权战略的结合。标准战略的内容包括怎样建立标准以及其后使用标准。由于标准本身并不仅仅指技术规范，还包括技术合格检验规范和程序、产品包装检验规范和程序等，所以标准战略又可以细分为绿色壁垒战略、全球技术许可战略、包装检验战略等。这里仅就技术标准的技术许可战略进行分析和讨论。

4.3.1 标准的形成

根据标准的形成过程可以将标准分为以下两类：

一是法定标准，是指那些经过标准化组织的法定程序确定、建立、公告并管理的标准，比如 ISO、IEC 或者区域标准化组织建立的有关国际标准、政府标准化组织（government standard setting organizations）或政府授权的标准化组织建立的标准。

二是事实标准，是指那些没有经过任何官方或准官方标准设定机构批准，仅通过企业的“四有协议”或多个企业的“联合声明”的方式成功地使产业界接受自己的技术而形成的标准。

事实标准又可划分为两类：

一类是，单个企业或少数极具垄断地位的由于市场优势形成统一或单一的产品标准，典型的是美国微软公司的 Windows 操作系统和 Intel 公司的微处理器。得到世界公认的这类标准也被统称为“Win-Tel 标准”。

另一类是“企业联盟标准”。在多数技术领域中，单个企业很难独霸核心技术，往往是实力相当的企业在竞争中不能彻底打败对方的时候，开始联合，进行交叉许可，最后形成企业联盟，对外发布专利联盟许可声明，构成对整个行业的技术控制，从而形成的另一类事实标准，如 DVD 技术中的 6C 和 3C 集团形成的技术标准。这类标准一般由私有标准化组织（private standard setting organization）进行管理。无论是法定标准还是事实标准，其管理组织都有自己的有关专利、标志（商标）、版权等知识产权政策，也就是所谓的“Patent Policy”或“IP Policy”。

由于标准化组织法律属性不同，不同标准化组织的知识产权政策不同。总体来看，国际标准化组织、政府标准化组织的知识产权政策简明扼要，其知识产权政策中的重点在于允许专利技术加入到标准技术中，但不负责专利技术的许可谈判，而是通过权利人自己的许可使用声明来确定在标准使用中所发生的权利与义务关系。而基于私权形成的事实标准的知识产权政策要复杂得多，其知识产权政策中相当多的内容是解决专利技术的许可问题。“Win-Tel 标准”的管理主要是权利人以“私有协议”的方式单独同专利技术的使用者谈判，“企业联盟标准”的管理是通过私有标准化组织来管理，可以代理联盟内专利权人对联合专利技术进行一揽子许可，也允许标准的使用者同单个专利技术的权利人个别谈判，这也充分体现了这类标准的私权性质。

由此可以归纳出建立技术标准的四种方式：

(1) 一群企业协商一致同意采用某一标准，需要由行业中的领先企业召集，并为它们都在使用的技术制定标准。

(2) 政府强制颁布某一标准。

(3) 技术本身会促使标准的生成，当技术具有网络外在性或者面临递增回报时，容易发生这种情况；

(4) 某一企业家的战略行动会促使一个行业建立标准。控制着技术标准的企业通常能获得非常高的利润。

企业所要考虑的是如何采取行动，比竞争对手更快地获得更多的客户。

(1) 将产品或服务的价格定得很低，以获取大量顾客。大量顾客吸引着配套产品和服务的供应商，使得创业者的产品或服务更具吸引力。

(2) 与配套技术的提供者合作，以使自己的产品或服务对顾客而言更具吸引力。

(3) 快速建立销售系统，因为一种销量大的产品作为技术标准比一种销量小的产品作为技术标准来得更容易。因此，销量对于使一种产品成为技术标准是非常重要的。而要达到这一目的，就要求企业一开始就推出具有有限功能的产品，更快地实现大批量集中生产。

那么，如何使新产品尽快获得收益？

（1）控制资源：买断或通过契约方式获得生产新产品或服务所需要的关键资源的供给，从而使这一资源变得稀缺。

（2）建立品牌效应：以投资广告等促销方式来创建品牌，阻止顾客转向竞争产品。

（3）利用学习曲线：企业在产品或服务的生产过程中积累了经验，因而在效率上领先于其他企业。

（4）先行者优势：因为是产品或服务的第一个提供者而获益。

（5）利用辅助资产：当专利保护在行业中不起作用，并且行业中存在主导设计，这时可使用辅助资产。辅助资产可以是分销渠道或营销网络，也可以是一种受市场环境广泛支持的产品的主导设计——在一个行业中提供所有的产品或服务的共用方法。

通常，企业决定是否将一项技术作为标准来加以保护，取决于这一标准是否有利于形成竞争优势，它要考虑以下几个因素：

（1）性能上有大幅度提高；

（2）新一代与旧一代兼容；

（3）价格上与原产品基本持平。

谁能在自己的市场领域做到了这些，谁就能成为这一领域的王者。

4.3.2　标准的使用许可

标准的定义和具体内容随着技术进步将会不断地充实和演化，但并不是全部的标准都能实施全球技术许可战略，真正能够做到这样的标准，主要集中在技术含量高的新技术领域，而这些标准又不仅仅是某一个国家的标准，往往是国际标准化组织、区域标准组织或产业联盟颁布的标准。

标准是在发展变化的。以前的标准，多体现为对产品或服务的技术要求和质量要求。伴随高新技术的快速发展，标准的内容越来越丰富，也趋向于将一些技术解决方案纳入到标准之中。由此，技术标准的称谓开始出现。事实上，技术标准是“标准”的通俗化称谓。然而，技术标准的范围比标准要小，因为技术标准多指涉及信息技术等高新技术领域且标准的内容包含有一定量技术解决方案的这一类标准。所谓技术标准，是指一种或一系列具有一定强制性要求或指导性功能，内容含有细节性技术要求和有关技术方案的文件，其目的是使相关的产品或服务达到一定的安全要求或市场进入的要求。技术标准的实质就是对一个或几个生产技术设立的必须符合要求的条件以及能达到此标准的实施技术。① 它包含两层含义：

（1）对技术要达到的水平画了一道线，达不到此线的就是不合格的生产技术；

（2）技术标准中的技术是完备的，如果达不到生产的技术标准，可以向标准体系寻求技术许可，支付许可费用从而获得相应的达标的生产技术。

这就是技术标准为什么越来越看重许可的最重要原因。

曾经轰动一时的 CDMA 巨头美国高通公司商业运作模式、3C 与 6C 的 DVD 收费事件都涉及此问题。②

对于一些技术不发达的国家来说，没有能力进行技术研发，就只能通过从标准体系获得许可从而形成生产能力，除了付费之外，关键还要服从标准的管理，而标准管理的实质和核心是知识产权政策的制定和利用。由于知识产权具有地域性和排他性，一旦这些知识产权进入标准行列并得到一定的普及，就会形成垄断，尤其在市场准入方面，它会排斥不符合此标准的产品，从而达到排斥异己的目的，这是标准能够实施全球技术许可战略的法律基础。

当企业拥有一项技术之后，是决定自己转化还是许可他人来生产？Scott Shane（2005）认为，当技术是独立的时候（技术可单独使用，如制药），契约模式更为有效，可通过特许经营或战略联盟的方式进行开发。而当技术是系统性的（只能和其他事物联合在

---

① 此定义主要借鉴了 ISO 对标准的定义：Standards are documented agreements containing technical specifications or other precise criteria to be used consistently as rules, guidelines, or definitions of characteristics, to ensure that materials, products, processes and services are fit for their purpose。定义来源：What are standards? http://www.iso.org//iso/en/aboutiso/introduction/index.html

② 张平、马骁：《标准化与知识产权战略》，知识产权出版社 2002 年版，第 14 页。

一起使用，如计算机），则等级模式更为有效，单个企业可以进行产品开发、制造和销售。当技术是基于显性或成文知识时，则市场的开发模式更为有效。当存在技术标准时，基于市场的机会开发机制比不存在技术标准时更可行，因为技术标准使独立企业之间的联合行动更为便利。

在现实中，我们对标准的全球技术许可战略有许多认识上的误区——许多人认为许可本身仅仅就是标准的许可，也有人认为只要建立标准就可以坐享技术许可的成果。殊不知现代技术标准的全球技术许可战略是一个知识产权战略的系统工程，是一个管理的问题，这个知识产权的管理和规划工作，在建立标准之前就先行介入了。现代技术标准的全球技术许可战略是沿用了“技术专利化→专利标准化→标准许可化”这一思路。这一思路贯穿于全球技术许可战略的始终。同时，这一思路又是以高水平的知识产权战略管理来实施的。因为在建立标准的初期，知识产权战略管理的工作就要介入，首先的工作是申请专利，因为专利技术是技术标准实施许可战略的基础，而技术标准的公布，往往又会造成资料公开，使得一些技术不再符合专利法上“新颖性”的有关规定，从而丧失获得专利的可能，这就使标准的对外许可能力大打折扣。其次，是在技术标准化阶段将这些专利技术融入标准中，在构建标准的同时就要构建此标准体系的技术许可框架。最后，才是标准建立后实施全球技术许可。在每一个阶段，根据标准的不同，又会有不同的操作，因此又体现出许多种知识产权战略。

2001 年初，信息产业部和美国某公司谈判，关于在中国生产该公司倡导的 CDMA 标准的手机，美国公司的专利技术许可费开价是每部手机 360. 80 元人民币，按照中国 3 年可以生产这种手机 2 800万部计算，就要付出 104 亿元人民币的专利费。

但标准归标准，技术标准要实现全球技术许可、实现技术标准的产业化，还必须考虑市场需求，只有存在大的市场需求，才能谈得上技术的产业化。从以下一反一正两个例子，我们也许会得到某种启示。

反例：日本在发展移动通信 2G 标准的时候，选择了自己独有的PDC技术，并在国内获得了成功。日本人彼时的心情并不亚于此时的中国人，他们心中的民族自豪感也不可谓不强烈，但由于这种技术始终被限制在日本岛内，失去了参与国际竞争的资格，日本的通信制造业和运营业的国际化付出了沉重代价。回想当初应用自家技术时的那份自得，此时的日本要想再畅怀大笑恐怕已经很难。

正例：日本的北方邻居韩国早在1991年就采用了美国的IS－95CDMA标准，并在此标准的基础上大力开发自己的核心技术和成熟的商用系统，享有大量的自主知识产权，并通过国家政策引导，建立了运营、生产、消费良性循环的移动通信产业，获得巨大成功。如今，韩国已在国际移动通信市场上占有了一席之地，这使得韩国在该领域具有相当大的发言权，不容忽视。

在高新技术方面，中国面临国外专利远远高于国内的严峻现实。随着中国加入WTO，在开放的市场中，以标准技术面目出现的许可证贸易更会铺天盖地地涌来，并且没有商量的余地。由此，希望通过本书的分析与评价，能够引起产业界对技术标准与知识产权重要性的重视，充分利用技术标准许可策略发展中国的民族产业。

4.3.3 中小企业知识产权联盟战略

与大企业相比，中小企业知识产权保护还面临以下特有的困难：

一是中小企业难以像大企业那样实施大规模的、系统性的创新，因此也就难以获得像大企业那样系统的专利技术。

二是中小企业不像大企业那样采用专利注册来保护其发明创造，原因是它们难以承担申请专利所需的较多成本以及担心技术秘密的泄露等。

三是中小企业难以承担知识产权纠纷所需的巨额诉讼费用。

因此，中小企业多选择通过产品更快地更新换代来实现对自己技术诀窍的保护。这也就决定了中小企业难以通过技术创新获得领先和持久的竞争优势。

如前所述，既然中小企业的技术创新战略更多地是选择合作和引进依托型的创新，这就决定了中小企业的创新不可避免地绕不开专利的限制，必须采用专利集群（patent cluster）、专利丛林（patent thicket）和专利联盟（patent alliance）战略。

1. 专利集群、专利丛林与专利联盟

专利保护的有效性从本质上依赖于三个要素：专利的长度、宽度和高度。

专利的长度，即专利的有效期。它决定发明人期望取得垄断力量的持续期间，发明人的收益随着专利长度的增加而增加。

专利的宽度，是指专利要求权限定的保护范围。它不像专利长度往往已经被法律所固定，专利宽度在一定程度上是内生的，取决于专利发明人提出的要求权和专利机构的判断力。一般来讲，专利要求权的特定限制越少，专利的宽度也就越大，市场垄断力量的强度也就越高。很明显，降低专利宽度容易引来更多的竞争（如模仿），这对消费者来说是有利的，却降低了对创新的激励作用。经济学家在进行专利宽度的制度设计时，常常同专利长度结合起来一起考虑。一般认为窄而长的专利是最优的制度安排，因此大部分国家将专利的保护期设定为 20 年，而专利要求范围中的独立项限制在 3 项以内。

专利的高度，即专利的创新性要求和显著性要求，同专利长度一起被称为专利范围（patent scope）。专利高度的制度设计有利于保护现有专利不被新改进很容易地覆盖。后续创新的专利申请成功率明显会受到专利高度的影响，太高的高度会赋予现有专利持有者过多的垄断力量而妨碍了创新。从高度和长度的相互作用来看，有限的高度和无限的长度被视为最优。

专利系统对专利长度、宽度和高度的制度设计，给每一个专利的专用权设定了时空范围。因此，一项新技术往往是通过多个专利范围窄的专利共同保护；加上在科技领域中，有许多产品之间往往是互相依赖和互补而形成复杂产品系统，如 DVD 播放机、DVD 光盘以及数字内容产品等组成的 DVD 播放产品系统，因此这种复杂产品系统的生产往往需要多种相关技术相互配合完成，这必将涉及众多被不同发明人拥有的互补性专利（complementary patent）①。

不仅如此，科技进步是累积创新的过程。每一项发明都不可避免地建立在前人的研究成果（基础专利）的基础上。这种累积的创新就像是兴建金字塔一样，金字塔的顶端必须依赖其下的根基，即后续创新的专利运用到实际生产时，必须得到基础专利许可，否则侵权；与此同时，后续专利的技术进步性通常比基础专利更高而同样可能阻止了基础专利的单独使用。这些专利因相互牵制而被互称为牵制性专利（blocking patent）②。

由于专利系统的本质特征导致互补性专利和牵制性专利的存在，使得许多专利在利用上往往是互相牵制的。某一企业想要制造一种新产品或推出一样新科技，如果无法取得相关的多数专利，将某一产品商业化或制造新产品的希望将难以实现。为此，必须向其他许多拥有牵制性和互补性专利的厂商取得使用专利的许可（其代价一般是支付特许费），否则将不可避免地侵害相关专利，面临侵权诉讼的窘境，这就是所谓的“专利丛林”（patent thicket）现象（参见参考文献［10］）。专利丛林现象就好像兴建金字塔时，在金字塔内放置障碍，必须向放置障碍的人缴纳一定的过路费，才可以继续兴建金字塔。这使专利系统最初鼓励创新、促进产业发展的本意无法实现。

为弥补单个专利专有权有限性的缺陷，应对“专利丛林”现象，避免侵权诉讼，确保专利设计自由，越来越多的企业将目光关注的焦点从单个专利转移到专利集群（patent cluster）上，积极开展专利群的设计和规划。“专利集群”指的是“一揽子”专利策略，将相关的专利集中在一起，从而有利于获得低成本的技术转移或作进一步的研究，不但节省成本而且更有效率。专利集群至少应包括如下几个因素：

首先，与某一技术领域相关，这是专利集群形成的基础。

---

① 当两个以上的专利所涵盖的技术彼此相辅相成，使用其中一个技术将使另一个技术更有价值时，这些专利彼此为互补性专利。

② 从概念上讲，牵制性专利包括互补性专利。

其次，产业集群内的专利之间具有密切联系。某一个专利是整个专利网络中的一个节点，这是产业集群形成的关键。

再次，专利集群是一个复杂的有机整体，专利集群内部不仅包括专利本身，而且包括创造和使用这些相关专利的人以及专利交易中介机构等。

依据这些条件，专利集群最广泛的定义是指，两个或更多的专利创造人为了达到专利的聚合效应而相互拥有对方的专利许可，或将专利许可给一个独立的不依赖于专利所有者的第三方实体来管理并利用这些专利。

根据控制主体的不同，专利集群战略可分为：

（1）单个企业的专利群战略，即专利组合（patent portfolios）战略。

（2）企业间的专利群战略，即专利联盟（patent alliance）战略，具体通过交叉许可（cross licensing arrangement）、集中许可（patent pooling arrangement）和标准制定（standard setting）等来实现。

对于中小企业来讲，一个现实的选择是企业间的专利集群，即建立专利联盟战略。

本质上都是多个企业（或发明人）之间的合作行为，通过专利交叉许可或专利集中许可实现专利共享。由于得到许可，联盟内的企业得以自由地（或较低的成本）使用制造产品所需要的牵制性专利和互补性专利。特别是对于专利集中许可来说，由一个统一的机构来集中处理许可和特许费的分配问题，不仅降低了专利使用者的交易成本，也降低了联盟内成员间的交易成本。不仅如此，在那些网络效应明显的高科技产业里（如电子邮件、互联网以及传真机等通信产品产业），专利联盟往往成为产业网络内企业整合和协同的基本纽带，促进网络竞争优势的形成。以系统产品的方式向顾客提供综合效用，是这些产业的共同特征。然而这些产品或服务是由许多不同的厂商提供的，因此必须在厂商之间进行协调，形成行业标准，以保证这些产品或服务能相互融合，共同满足最终消费者的需求。当这种协调建立时，企业之间就建立起一种开放的网络结构，即形成了企业网络。微软公司的 Windows 操作系统击败 IBM 公司的 OS/2 操作系统的鲜活事例说明，企业网络间竞争的关键是谁先达到关键用户基数。专利联盟有利于整合互补性技术和正式行业标准的形成，确保消费者购买的产品与其他互补产品兼容，降低不确定性，加速生产互补产品的企业的进入和消费者对产品的接受，增加网络成员，从而使网络尽快达到关键多数，抢占时间优势。

综上所述，专利联盟特别是专利集中许可可以清除牵制性专利的不利影响，降低交易成本，避免成本高昂的侵权诉讼，整合互补性技术和促进网络效应的形成，从而达到促进竞争和创新的目的，提升社会福利和资源的有效利用。

2. 知识产权战略的运用

专利组合在企业实践中很早就被广泛使用，其威力我们早已领略。"6C" 专利联盟对中国 DVD 企业收取的专利特许，其后引发的中国众多高科技产业的专利费危机无不与专利组合有关，也正是它们敲响我国知识产权安全的警钟。曾经是制造企业代表的 IBM 公司积极实施的专利组合战略使之成为专利竞争的霸主，2003 年，IBM 的专利特许金收入高达 15 亿美元，在美申请并核准的专利数有3 415件，高居全球第一，并连续 11 次获此殊荣。过去 11 年以来，在美取得专利数累计达到 2.5 万件，预计在未来 10 年里可为该公司带来 100 亿美元的专利特许费收入，等等。

专利群具有单个专利无法比拟的竞争优势。"6G" DVD 专利联盟对中国 DVD 企业收取的专利特许费，其后引发的中国众多高科技产业的专利特许费危机无不与专利组合有关。与此同时，因专利联盟形式不符合国际惯例而有垄断嫌疑，致使我国的 WAPI、EVD 等国家标准在推广和上升为国际标准的过程中遇到重重阻力，这些都威胁到我国的知识产权安全。

在某一领域取得了专利的主导权，也就为创立品牌奠定了基础。比如，由于忽视了品牌的发展，中国在服装和纺织品上的比较优势始终无法转化为竞争优势，长期在国际贸易谈判中处于被动地位，不得不接受美国等发达国家的勒索。在这里我们尤其要强调在这场知识产权大战中失去了对专利的主导权的危害性。在品牌世界里，通过培育自己的品牌来打破跨国公司知名品牌的垄断相对比较容易，而且随着中国国际地位的增长，我国品牌获得国家认同也是自然的事情，如“李宁”、“联想”等。但对于专利来说，由于科技创新的路径依赖性，失去了专利主导权就很可能意味永远失去设计和生产的自由，甚至是技术创新的能力。在这种强者构建的国际体系和全球话语中，中国专利政策正面临着这么一个尴尬境地：它们不得不接受发达国家对自己劳动力成本优势领域的限制，又得努力去保护发达国家最具优势的方面。

总之，在今天科学制胜、品牌主导的商业世界里，通过专利集群可以获得许多重要的尤其是具有时效性的技术，这是企业获得竞争优势的关键。对于专利持有人而言，将一个专利投入到一个专利集群之中有着诸多的商业和法律动机：

第一，专利集群是一个平台——一个集合大量对使用者有益的研究实体的平台。在这里，许多专利所有者必须考虑的因素，例如价格、许可费用、相关专利结构等，都能够得到很好解决。在专利集群中，有了相关专利的支持，集合的技术无论如何都比单一的专利技术有用得多，也使得单一的专利技术更有吸引力，从而获得更多的专利使用者。

第二，参加专利集群，有利于降低谈判费用，这里有约定俗成的价格和许可协议，不必再为了每一笔许可交易去做许多简单、重复的工作，浪费大量的时间、金钱和精力。

第三，加入专利集群，有利于对抗专利侵犯。

第四，加入专利集群，更有利于利用相关专利的优点来改进自己的专利。

第五，中小企业通过知识产权联盟，建立共享品牌，比单个小规模的企业更能形成聚合效应，更能提高群体、区域乃至国家的竞争力。

第5章 企业研发成果商业化策略

各国经济、科技力量的竞争早已不再是科研水平和实力的对比，而越来越依赖于转化科技和利用科技力量的能力竞争，这种能力日益成为各国、区域和企业核心竞争力形成的重要来源。世界经济论坛（WEF）最新发布的2006—2007年度《全球竞争力报告》中指出，中国在此次排名相比去年下跌6位，其原因在于中国的新技术参与度较低。我国高科技的迅猛发展已是不争的事实，可是我国的技术进步对经济增长贡献率多年来一直偏低，大约只有30%的水平，而发达国家平均为50%～70%。其中最重要的原因就是我国科技成果转化率和转化速度都偏低，造成大量科研成果束之高阁，结果是一方面使大量科研的前期投入得不到回报，另一方面又阻碍了进一步研究。因此，探索高效的科技成果转化模式对提高我国科技成果转化率和科技成果转化速度，促进我国经济进一步良性发展都具有重要的意义。

5.1 科技成果转化的过程——基于创新价值链的分析

5.1.1 创新价值链

价值链是迈克尔·波特提出的用于分析企业竞争态势与管理能力的重要方法，其中心思想是价值增值的概念，企业通过一系列的价值活动来实现价值增值，企业内部的所有价值活动构成了企业的价值链。在价值链系统中，不同的经济活动单元之间通过相互协作共同创造更大的价值。价值链不仅存在于企业内部，而且也存在于外部的供应商和客户之间，即价值链是从供应商开始到顾客价值实现的一系列价值增值活动及响应的流程。价值链管理的目的就是优化企业核心业务流程，发挥技术创新在企业价值链中的增值作用，提升企业核心竞争力，使企业获得可持续发展。

创新价值链的概念是创新与价值链概念的有机组合，它反映创新过程中价值的转移和创造，代表了创新活动的价值属性。创新价值链可以是单个企业内部运作的自身价值链体系，也可以是指一种相关主体联结而成的链式结构，如图 5-1 所示。这种链式结构从以基础研究为发端的科学发现开始，经过应用研究、技术开发、形成项目、专利等创新价值链的基础要素，通过创新主体——企业的产品开发、设计制造形成商品，再经过市场营销、售后服务，到达创新的目标要素——市场，实现满足用户需求及形成规模经济的目标，最终成为国民经济分支产业的全过程。因此，科技创新只有与社会生产、应用紧密结合，完成整个创新价值链的全过程，其价值才能得以完整体现①。

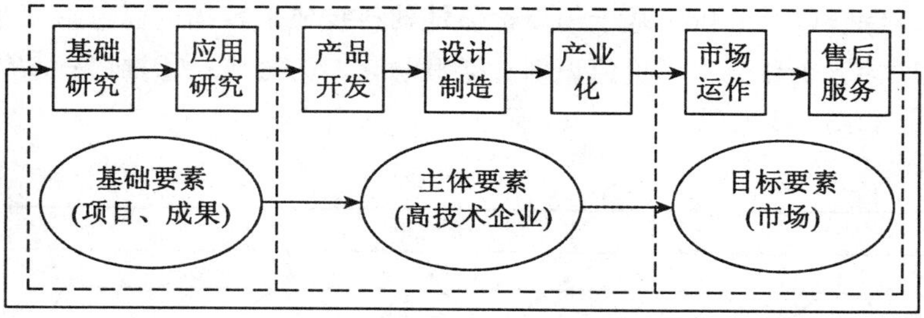

图 5-1　创新价值链示意图

资料来源：张晓林、吴育华：《创新价值链及其有效运作的机制分析》，《大连理工大学学报（社会科学版）》，2005，Vol. 26，No. 3 。

从创新价值链的内涵来看，首先，创新价值链是一个知识流动

① 张晓林、吴育华：《创新价值链及其有效运作的机制分析》，《大连理工大学学报（社会科学版）》，2005，Vol. 26，No. 3。

和信息互动的过程，存在着上下游的互动与协作关系，具有内在的不可分割性。因此，如何从整体上将创新体系内的各种机构和制度有效组合起来，以增强整体的创新能力，是实现创新价值的重要途径。其次，创新价值链强调是一个连续的过程，它将相关的创新主体连接起来并将各相关要素组织起来，从而实现将知识转化为有价值的商品。无论创新的形式怎样，源头在哪里，如果没有新价值的实现，创新就是不完整的，就不能称为创新。再次，创新价值链强调分工协作与系统的优化和整合。在创新链的不同环节，存在不同的创造价值的主体，每一个主体都有明确的定位和作用，其中任何一个环节出现问题，都会降低创新价值链的整体效果。因此，必须注重分工的异同，使每一个环节上的价值创造主体都能够最大限度地提升自身的能力，为创新价值链作出最大贡献。同时，要强调各环节和各要素的系统整合，通过优势互补，相互合作，共同提高创新的整体效益。

5.1.2　科技成果转化过程的关键环节

综合以上分析，基于创新价值链的科技成果转化过程包括相互关联的五个环节：①价值识别；②概念化；③育成；④推广；⑤优化。如图 5-2 所示。

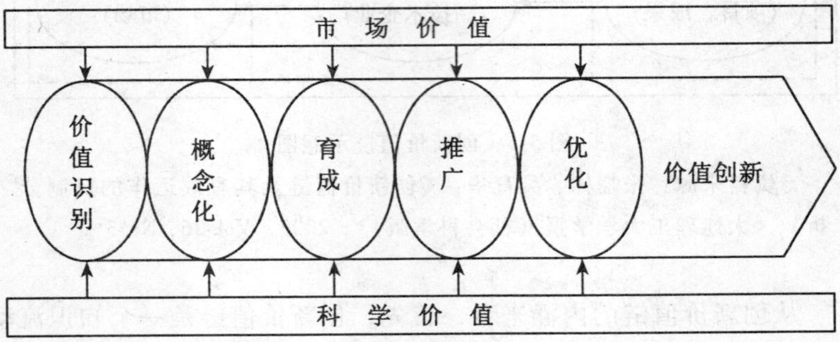

图 5-2　基于创新价值链的科技成果转化过程

资料来源：作者整理。

1. 价值识别

Marco Iansiti 和 Jonathan West（1997）指出：“现在，优势往往属于最善于在大量的技术中进行选择的企业，而非开发这些技术的企业。”这里谈到的价值识别包含了技术选择的含意，并且是进行技术选择的基础。

价值识别包含两个层面的含义：科技成果的应用价值和市场潜在价值。

对科技成果的应用价值的理解会影响对一项技术前景的判断。例如，IBM 公司在 1970 年开发出来的光存储技术，可将大量数据资料储存到光碟上。但由于当存取的稳定度不佳，而且成本太高，还找不到可以开发成为产品的价值，因此这项新技术就被搁置下来。后来光存储技术被大量运用在个人电脑上的光碟机（CD-ROM，CD-RW）中，而个人电脑却是20 世纪 70 年代末期才出现的产品。由于 IBM 将光存储技术的专利授权给日本厂商使用，使得第一个运用这项技术开发出来的光碟产品是在日本生产的，而 IBM 本身则是在 15 年后，才运用光存储技术开发出自己的 CD-ROM 产品。这个案例告诉我们，新技术开发之初很难判断未来商业化的具体途径，但目前尚看不到特定用途的新技术，极可能在未来会具有远大的应用前景。尽管要对科技成果的实用价值和应用前景有深刻的洞察和把握十分困难，但这正是科技成果转化的起点。可见，认真甄别科技成果的价值依然是十分基础和重要的工作，当然这同时也是一项十分困难的工作。

单纯从技术或科学的角度去理解成果的价值往往会存在风险，这就要引入价值识别的第二层意义：市场价值，即市场需求。在 20 世纪 60 年代，关于技术创新模式的研究曾出现“技术推动”与“市场拉动”之争，直到《市场需求对创新的影响》一文问世争论才结束。莫厄里和罗森博格在他们合作的这篇文章中强调在创新上技术和市场需求的共同作用。罗森博格还指出：“创新活动由需求和技术共同决定，需求决定了创新的报酬，技术决定了成功的可能性及成本。”① 这种对技术和市场需求共同作用的认识得到大多数创新经济学家的赞同。因此，对科技成果价值的认识也离不开对市场机会和市场需求的分析，从市场潜在需求和未来前景的角度来甄别不同技术、不同成果，有助于科技成果应用价值和市场价值的判断。

识别环节的核心就是寻找科技成果应用价值和潜在市场价值的契合点。科技成果转化其实质就是在技术与市场、科学与经济之间建立一种有效的结合和动态关系。未经开发的科技成果本身只具有应用价值，因没有得到市场的认可而不具备市场价值。而通过价值识别，寻找科技成果的市场切入点，才能体现市场价值，从而实现价值增值。因此价值识别是科技成果转化的起点和基石。

2. 概念化

概念化环节就是双重价值契合点形象化、细节化的过程，也是将科技成果最具潜力或最具意义的方面注入具体模式和载体中从而形成产品概念的过程。概念化阶段最重要的特征就是寻求产品的市场价值的传达方式，即形成适应潜在市场需求的产品形式概念。基于成果实用价值和潜在市场价值契合点的产品概念能够切入市场，满足市场需求，从而能够保证转化过程实现经济上的回报，获得成功。

概念化和价值识别的过程往往是紧密结合而没有明确的阶段性。这里还要强调的是，并不是所有的契合点都具有开发价值。以可视电话为例，它最早由 AT&T 在 20 世纪 60 年代中期开发出来，但由于当时有限的电话线传输能力，1964 年的可视电话还只能够发送静止的黑白图片。随着彩色图片的引入，这种传输能力的限制就变得更糟。事实上，尽管使用了先进的图像压缩技术，直到最近，每秒钟只能够收发 10 帧颜色图片的视频电话才出现，但还很难达到真正实时传输。其原因在于：

第一，契合点转化成为实际产品在技术实现上的可能性，这一

① N. Rosenberg. Perspectives on Technology. London: Cambridge University Press, 1976, p. 273.

点很好理解，很多技术成果真正转化为产品会存在许多技术上的难题，如可视电话就受到电话线传输速度的影响。

第二，尽管这种难题往往最终是可以解决的，但当这种难题在时间上和成本上难以控制时，这仍然是一个失败的契合，或者是暂时没有价值的契合。例如，现代聊天工具的兴起和视频聊天技术的进步，使得视频聊天在速度和丰富性方面远远超过可视电话，因而使得可视电话最初的价值诉求在市场中没有足够的空间（当然可视电话的技术最后转化为代替住宅门铃的功能倒是一个成功的转化运用)。

第三，要考虑产品是否可以真实地满足市场的潜在需求，以及产品对潜在市场的覆盖幅度。比如，对于可视电话，可能很多使用者需要逐渐习惯，许多人可能仍旧认为电话交流会被视觉形象破坏。

3. 育成

育成阶段是将抽象概念推向具体产品的环节。在这一环节中很多工作又回归到具体的技术问题，同时往往会伴随着技术创新和对原来技术成果的改进。在将产品概念化一步一步推向具体产品的工作中，一边要不断地创新，从技术上实现和完善，另一方面还要不断地重新审视和反思产品对市场的价值。

目前广泛受到重视的纳米技术（nanotechnology)，其商业化用途极为广泛，包括应用在建筑材料、半导体器件、防蚀涂料、化学药剂、生物医学等，如果技术商业化开发成功，则上述每一项产品都可能带来巨大的商机。然而至今纳米技术成功转化的案例仍然不多，主要原因是育成阶段的技术障碍，难以选择适当的用途使技术与市场兼具。

育成阶段还有一个不容忽视的问题就是竞争对手的状况。当竞争对手也在着手同样的项目，时效和更合适的产品成为竞争的关键。这两个关键点仍然离不开对双重价值的关注。这一阶段的资金投入是整个转化过程最重要的部分之一，也是整个转化过程风险的开始。

4. 推广

产品的价值开始时往往并不为市场和消费者所理解和认同，有些消费者甚至自己都不清楚自己的真实需求到底是什么。因此，产品的推广是十分重要的环节。它将产品输入最合适的渠道，将产品的价值介绍给消费者，让消费者了解产品，体验效用，实现购买。此外，产品推广还涉及定价、产品定位、形象塑造、广告宣传等一系列策略的组合，核心就是让创新价值被市场认可和接受，实现产品的最终价值。

推广阶段是真正实现双重价值结合的环节，这一环节的重点是展示产品的市场价值，满足市场需求。通过推广实现科技成果实用价值和市场价值的转化和交流，不仅实现价值增值，而且实现价值传递。推广阶段的核心是营销。在下一节中会就科技成果转化过程中的营销问题作进一步论述。

5. 优化

产品被市场接纳并带来了投资回报时，科技成果转化过程并没有结束。对产品进行不断的价值判断和升级，彻底实现科技成果价值，持续转化可以带来更多的投资回报。将优化工作进行得最为出色的当属日本公司。日本企业在技术上精益求精的精神促进它们不断完善产品。此外，日本企业将技术转化为产品的阶段性转化为企业的竞争力，使模仿型竞争对手永远无法超越。

科技成果转化是以其价值创新和成功商业实现为特征的。简单地讲，就是科技成果转化为商品并在市场上销售得以实现其价值，从而获得经济效益的过程和行为。基于创新价值链的科技成果转化的每一环节都离不开技术实用价值和市场潜在价值的双重考量，因此，创新价值链的生存是介于实用价值和市场价值两个层面之间，同时在科技成果转化过程中，创新价值链自始至终受这两个层面的价值反馈和影响。了解这一点，可以让许多创新者不再仅仅沉迷于个人的创新成果的伟大，忽视市场的需要而导致失败，也让市场机会追求者能理性选择有价值的科技成果。此外，每一环节的价值增值是下一环节的基础和起点，各环节之间互为因果，又互相反馈，连接起全部环节的基础就是双重价值的契合。

一项科技成果的价值最终体现在技术与产品在市场上的成功结合，科技成果转化过程的成功实现有赖于价值增值过程的有效衔接。有时候成果转化的失败是由于技术本身的原因而不得不中止，但也可能是由于没有有效地衔接各阶段的工作，造成价值链的缺失和断层。从价值增值角度理解科技成果转化过程，可以清晰每一阶段的价值增长点，确保整个创新价值链的有效发展。

5.2　科技成果转化的模式

基于创新价值链的科技成果转化过程展示了科技成果价值增值的过程和本质，沿着整个创新价值链的各价值创新环节，可能是在同一主体内完成，也可能是在不同主体间分布完成。基于这样的角度，我们将科技成果转化模式归纳为一体化模式和非一体化模式。在这两种不同模式下，整个创新价值链的完成是否存在差异？不同模式是否会影响价值增值过程？哪种模式更为有效？

5.2.1　一体化模式

从实践科技成果转化的主体来看，由创新主体独立地完成整个创新价值链的各环节工作，这就是一体化模式。在国家创新体系中有两个最重要的创新主体——企业和科研院所，它们常常也是一体化模式的主要实践者。

企业的一体化转化模式指科技成果转化全部在企业内部完成，实现从研发、中试、生产、营销的整个转化过程，完成整个价值链的全部创新过程。这种转化模式能充分利用研发成果，在转化过程中信息交流、技术分享更加充分，由成果转化成产品的过程能够充分引入市场导向，可以在成果转化的最初阶段密切结合市场分析和需求变化，从而保障产品在进入市场时满足市场需求，成功实现成果实用价值与市场价值的契合，完成从技术到产品的转化。

一体化模式下企业的成果转化能力是企业在市场竞争中取胜的

重要保证。这种转化模式要求企业有足够的技术条件、研发能力、商业化能力、管理能力、资金筹集能力和抗风险能力。而具备这种能力的大多是规模和实力都较强大的企业，正如熊彼特在创建大企业创新模型（见图 5-3）中所指出的：大企业已经成为经济进步的最有力的发动机，尤其已成为总产量长期扩张最有力的发动机。①这一创新模型与一体化模式是同一思路。

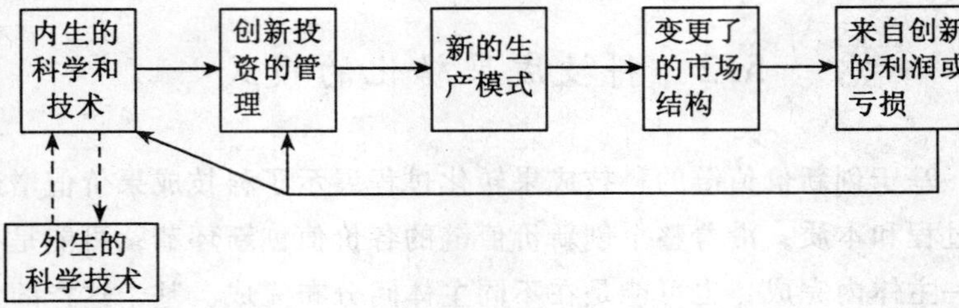

图 5-3　熊彼特大企业创新模型

资料来源：柳卸林：《技术创新经济学》，中国经济出版社 1993 年版，第 15 页。

著名的 IBM 公司拥有自己的实验室，其在科技成果转化方面拥有许多成功经验，是一体化模式的成功实践者。IBM 实验室技术成果转化由发展部门来执行，它们需要知晓新技术的内涵，发掘技术的新用途与市场机会，然后将产品构想付诸实现，并且快速推上市场。这个过程包括与实验室人员间的大量沟通，以及与市场行销人员的密切合作，如此才能将技术与市场结合起来，使商业化得以顺利推行。

除了大企业之外，一些科研院所也实施了一体化。科研院所一体化转化模式是指其将科技成果自行转化为产品推向市场这种模式。科研院所一体化转化模式的优点是可以减少交易成本，降低道

① 约瑟夫·熊彼特：《资本主义、社会主义和民主主义》，商务印书馆，1979 年，第 137 页。

德风险，并且完全拥有转化后的利益。然而科研院所的一体化模式也受到诸多因素的影响，原因在于：

第一，科研院所的研究往往担负着国家基础研究的责任，更偏重于基础研究和纯理论研究，其在应用研究方面缺乏经验。

第二，由于科研院所经费有限，在 R&D 方面支出很大，往往也不能独自承受成果转化的风险。

第三，虽然科研院所拥有较强的科研实力和优秀的研发人才，但是科技成果成功转化还有赖于卓越的市场洞察和营销能力，在跨越从技术到市场这条鸿沟时，科研院所往往没有经验和实力，尤其是在将产品推向市场环节往往力不从心。

科研院所的一体化转化模式也有成功的案例。众所周知，贝尔实验室（The Bell Labs）是世界上最好的科研机构之一。1925 年贝尔实验室成立时有3 600人，其中科技人员有2 000人，当年经费预算额为1 200万美元；到 1995 年，共有人员29 000人，其中科技人员约19 000人，年度科研预算达 37.18 亿美元，贝尔实验室所属的 AT&T 公司年营业收入即达 796 亿美元。该实验室现今的人员规模大于中国科学院在京的总人数规模，年预算为中科院的 6 倍左右。在 1925～1995 年这 70 年里，贝尔实验室的科技人员扩大了 10 倍，科研经费扩大了 300 多倍，就像投入市场的资本一样，以很快的速度在递增。

贝尔实验室的工作大致可以分为三个类别——基础研究、系统工程和应用开发。在基础研究方面，主要从事电信技术的基础理论研究，包括数学、物理学、材料科学、行为科学和计算机编程理论。系统工程主要研究构成电信网络的高度复杂系统。开发部门是贝尔实验室最大的部门，负责设计构成贝尔系统电信网络的设备和软件。

贝尔实验室采用了进行基础研究并将其成果用于新技术和产品创新的方针，这个方针决定了它的研发流程从基础科学原创性的研究出发，然后将其研究成果用于新技术创新和产品创新的设计上。

由于该实验室是公司①的研发机构，其研发的成果或设计与模型在取得专利权后，转交公司的生产部门进行试制和批量生产，最后由营销部门将产品投入市场销售。客户和市场需求的信息再反馈到基础研究部，供下一步选题考虑。由于整个科、技、产、销及其信息反馈都在一个公司内进行，环环相扣，形成成果向市场转化的最短流程，因而效率和成果转化率很高，这是研究单位和大学所无法比拟的，也是大多数公司做不到的。贝尔实验室所以能取得持续的重大贡献，主要原因之一便是能做到研究课题与市场需要“对口”，使科研成果转化达到最短程化。②

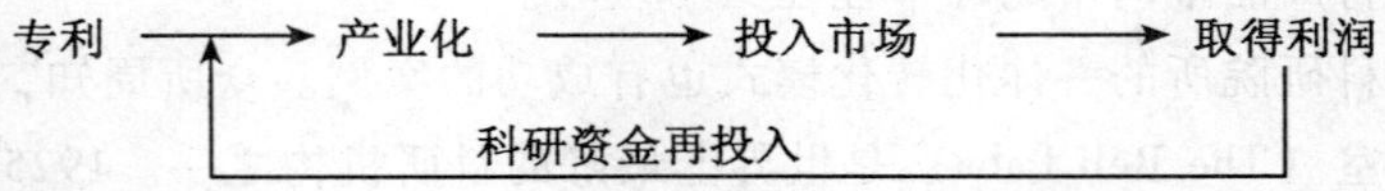

图 5-4　贝尔实验室的发展模式

资料来源：赵大庆、杨锋：《由贝尔实验室论及科技成果转化的机制和模式》，《科技导报》，2001 年 8 月。

贝尔实验室的发展模式如图 5-4 所示。显然，从新技术的产生到应用于实际生产，取得利润，再把利润投入科研，开发生产更好的产品，这是一个良性循环过程。正是这个过程，使科研资金像资本一样，滚雪球似地越滚越大。其中科研开发费用、产品产业化费用以及利润的比例为 1∶10∶100。如果在这个循环开始注入 11 美

① 1925 年，时任 AT&T 总裁华特·基佛德（Walter Gifford）收购了西方电子公司的研究部门，成立了一个叫做“贝尔电话实验室公司”的独立实体，AT&T 和西方电子公司各拥有该公司的 50% 股份。1984 年以后，按照美国政府分拆 AT&T 的协议，从贝尔实验室中分割成立了 Bellcore。Bellcore 为分拆后的一系列小贝尔公司统一提供研究开发的服务。1996 年，贝尔实验室以及 AT&T 的设备制造部门脱离，AT&T 成为朗讯科技。AT&T 保留了少数研究人员成立其研究机构——AT&T 实验室。因此贝尔实验室作为研发机构一直有明确的隶属公司，目前贝尔实验室隶属于朗讯科技。

② 阎康年：《美国贝尔实验室成功之道》，广东教育出版社 2004 年版，第 365 页。

元，那么经过 3 个循环 11 美元可以变成3 000美元。正是这种模式使美国一个普通科研机构在短短几十年间成长为著名的贝尔实验室。

通过以上两个一体化模式的案例可以看出，不管是企业还是研发机构，在实践一体化模式的过程中，都有赖于统一的组织内部各部门的协作和配合，尤其是研发部门的工作和发展离不开生产部门、市场部门的大力支持。一体化模式在技术整合和效率上的优势成为这种模式最大的优点。

最后还要特别强调的是，一体化模式并不是一个封闭的模式。以通信和信息为本并高度发展的贝尔实验室，其内外新科技的信息流是畅通的，多达近30 000人的研发人员不但自身创造力很强，而且内外信息沟通的渠道很多。同时，一体化转化模式的成功也离不开与外界的信息交流，从基于创新价值链的科技成果转化过程模型可以清楚地看到，一方面要与科技领域进行信息交流，同时还要与市场领域进行密切的信息交流，没有这种信息流，科技成果转化往往很难获得成功。

总体来说，一体化在创新方面有几大优势：

第一，它消除了重复性的工作。

第二，它消除了不同部门生产中由于互相不信任而出现的机会成本。

第三，它消除了合同交易必然带来的不确定性、技术相互依赖而导致的高交易费用。

第四，也是最重要的一点，它使主体创新收益内部化。

此外，一体化加快了产品开发的速度，为不同部门提供了和谐的信息交流。

然而，由于科技成果转化是一项不确定性的投资活动，因此，一体化也存在较大的投资风险；而且，这种一体化模式要求转化主体具备很高的综合能力，因为成果转化不只是研发部门的工作，它涉及公司战略、各部门的配合，要求主体具备较强的技术实力、管理能力、创新经验、人力资源、信息管理能力和营销能力等。

因此，独资企业虽有较高的创新动力，但因其资金有限、风险承担能力低、技术开发能力低，故独资的小企业一般很难实现一体化模式。一种补偿的方法就是建立风险资金，给小企业以帮助。这是美国所采取的办法，也是美国高技术小企业大量涌现的原因。科研院所是我国科技开发的主力军，但大多对成果转化、孵化认识不够，在成果转化阶段资金投入不足。总之，一体化模式不管对企业还是对科研院所都存在优势和弊端。

5.2.2 非一体化模式

科技成果转化的非一体模式是指科技成果转化过程涉及多种主体，通过各主体之间的职能分工和合作完成成果转化。非一体化的转化模式涉及多个主体方，包括企业、科研院所、中介机构、政府、金融机构、风险投资家等；也包含有各种合作转化形式，包括产学研一体化的模式，企业间联合开发模式，企业通过与科研院所等签订合同委托开发、风险投资家支持企业或科研院所科技成果转化模式，政府介入组织科研成果转化模式，通过中介机构实现成果转化模式等。这些模式的本质都是通过合作实现共赢。具体来说，科技成果转化是一个复杂的系统工程，需要各主体方寻找能发挥各自优势的合作共赢模式，最大限度降低风险，实现成功的科技成果转化。

尽管科技成果转化非一体化模式有多种形式，但保证这种模式成功实施的关键在于如何在科技成果转化过程实现风险分担及利益分享机制。研究所在从事成果转化时，往往在最终成果的产权分配比例上与投资方或合作方比较难以协商或者说对洽谈结果感到“吃亏”，并有可能将这种感觉带到后期的产业合作过程中，从而造成无形的“隔阂”或沟通障碍。尤其是看到企业或投资方从市场上赚取较多利润时，极有可能造成心理不平衡和产权纠纷事件的发生（例如局部违反合同、再次进行转让等）。对研究所的科研成果进行转化，企业和投资方必须投入大量的资金、人力和时间进行进一步开发，由此认为真正地将技术转化为产品是自己做出来的（在研究所放着就是几张废纸），研究所没什么贡献，因而在兑现合同和后期支持方面也会形成障碍。这表明，在将最初成果进行转化的过程中，需要根据转化的具件情况，并在形成最终成果时，在研究所和企业（投资者）之间重新进行合理的产权分配。科技成果转化是一个追求利润和利益的过程，各主体在合作的过程中必然要求获得利益，但同时科技成果转化又是一个充满风险和挑战的过程，各主体在追求各自利益的同时，还要共同承担风险，以促进科技成果成功转化。

鉴于非一体化模式的多元形式，下面通过美国和日本科技成果转化有代表性的非一体化模式来研究其实现机制。

1. 美国的非一体化科技成果转化——航天科技成果转化

美国航天业历来是政府投资最多、覆盖面最广的领域。2003年，美国国家航空航天局研发总投入为109.99亿美元，比上年度增长7.6%。作为一个投资巨大、风险巨大的领域，美国十分重视其研究成果的民用化和转化。美国的空间活动分为军用和民用两个部分。其中，民用部分由美国国家航空和宇宙航行局（NASA）负责，承担民用航天计划。美国NASA非常重视利用航天技术的二次开发，不仅自主研发，而且还与社会上的中小企业有着一种开放式的联系，可以应企业所求，共同研究或提供力所能及的帮助和支持。

1958年，美国颁布航天法，促进了航天技术向民用化转移。该法责成NASA应该“长期研究航天技术潜在收益项目，并把它们无偿转移到以科学为目的的民用领域和非赢利领域中去”，并授权NASA“对自身的活动与成果作最实用和最适当的传播”。1978年，卡特总统又指出：“航天计划应当使国家经济受益，军用和民用活动要统筹兼顾，在确保航天军事应用的条件下，尽量扩大民用范围。”

在这种政策指引下，NASA制定了具体的技术应用计划。在民用办公室的领导下，美国建立了一个信息传输网络，它连接NASA科研中心、大学、政府、工业界、公共部门，并把信息快速传递到用户，信息传输过程如图5-5所示。图中显示了五条航天技术转移的渠道，覆盖了大中小城市，把政府、高校、科技界、工业部门、各类用户联为一体，在航天技术转移过程中发挥了重要作用。

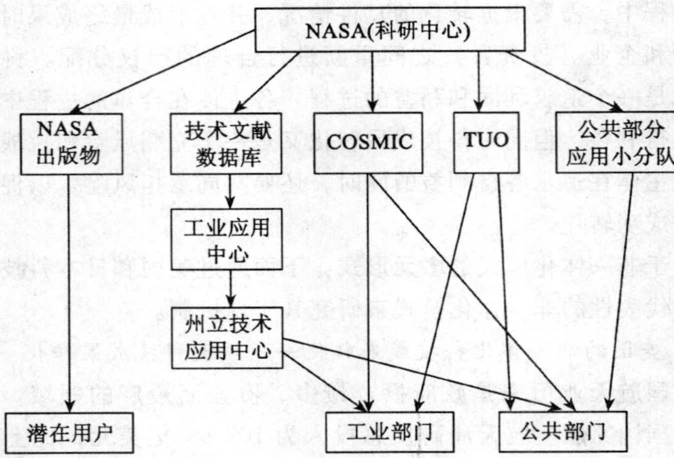

图 5-5　美国航天信息传输网络

资料来源：邵培基，唐小我（1994）。

航天技术的供方为美国国防部和 NASA，它们拥有一流的技术和技术人员。航天技术的受方为工业企业和公共部门，它们拥有强大的科研开发能力和优秀的科技人员，能对输入技术进行转化从而实现经济效益，如图 5-6 所示。

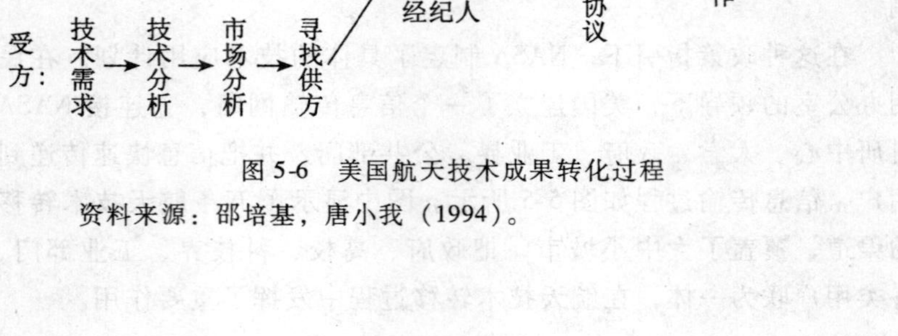

图 5-6　美国航天技术成果转化过程

资料来源：邵培基，唐小我（1994）。

技术转移作为科技成果转化的一个重要环节，实现技术由实验室走向企业的过程。美国航天技术的民用化转移是其研发成果转化的重要基础，美国政府航天科研机构与工业部门合作与共同努力促进了这种转移和转化。

2. 日本的非一体化科技成果转化模式——“产、学、官联合”模式

日本是科技大国，其科技成果转化率高达 80%。其重要的成果转化模式就是“产、学、官联合”。

日本于 1998 年公布并实施了 TLO① 法，其目的在于通过 TLO 机构使大学等国家科研机构的研究成果能有效地向民间企业转让，以促进科技成果转化、新产业的开拓和国民经济的健康发展。该法规定，TLO 是承担大学的技术及研究成果向企业转让的专业机构。TLO 作为大学科研成果转让的“综合中介窗口机构”，不仅使大学了解到企业的需求，以便更好地审视和修正自身研究活动的方向，而且也为产业界提供了各种帮助，成为一个法律契约事务服务机构和技术转让服务机构。

从 1998 年 TLO 法生效至 2005 年 3 月，依据 TLO 法“承认的 TLO”② 已达 39 家，遍布全国，日本知名的综合大学和工科院校基本上都建起了自己的 TLO。它们主要以股份公司、有限公司、学校法人、财团法人等形式设立。

TLO 法促进了产、学合作，使科技成果转化率得到提高。“承认 TLO”的申请专利件数和专利收入不断增加，特别是在辅助金制度支持下，到国外申请专利的数量得到大幅度提高。据日本经济

① TLO 法的全称是《关于促进大学等的研究成果向民间企业转让的法律》。TLO 机构（Technology Licensing Organization）是日本大学技术转让机构的简称。

② TLO 分为“承认 TLO”和“认定 TLO”两种。“承认 TLO”制定的实施计划要经过文部科学大臣和经济产业大臣的批准，获得承认的 TLO 活动可以得到财政补贴和贷款担保的国家资助支持和减免费的优惠政策。“认定 TLO”可免交专利费和手续费，需要通过主管大臣的认可，但不享受财政补贴和贷款担保。

产业省 2002 年统计，以 2001 年为例，经济产业省向获得承认的 TLO 提供了 3.5 亿日元的辅助金，共申请专利1 353件，其中实施了 231 件，为企业创造了大约 100 亿日元的经济效益，而 TLO 也获得了 3 亿日元的专利使用费，并向学校和研究者返还了 1 亿日元。这一数据表明，在 TLO 机制下政府的投入产生了乘数效应，使科研单位与企业实现双赢。

日本的这种模式（见图 5-7）具有明显的官方主导特征，在产业界、学校、政府三者的相互关系中，高校的学术开拓和实用性研究是“产、学、官联合”的基础和前提。实现科研成果的商品化、企业化或以高新科技改造传统工业是“产、学、官联合”的最终目的，而协调并提供包括财政、法规等各种政策支持，则是政府义不容辞且不能替代的责任，也是这一联合的保证。

日本的这种转化模式是在政府组织下各方协作的产物，它至少给我们两点启示：

（1）科研院所与企业的合作可以使科技成果完成从实验室到市场的跨越，而且这种模式有助于提高成果转化效率。

（2）科技成果的转化需要良好的环境和各方合作，尤其在非一体化转化模式中如何找到中介和发挥中介的作用十分关键。

这里所说的中介并不仅仅指政府或有关中介机构，也包括企业和科研院所之间合作的机制。

通过以上两个案例还可以发现，政府在非一体化模式中担负着重要角色，非一体化模式的发展与一国国家创新体系的发展息息相关，政府在激励和促进科技成果转化中起着不可推卸的重要作用。

5.2.3　一体化模式与非一体化模式的比较分析

基于前两节一体化模式和非一体化模式的案例研究，可以看出一体化模式与非一体化模式各有优缺点，在实践中对主体也有不同的要求。简单来说，一体化模式要求主体不但有强大的科研能力、转化能力、市场能力和融资能力，还要具备抗风险能力，其优点是利益独享，创新知识积累和技术专有。非一体化模式要求整个创新系统的共同发展、互动与合作，需要有良好的机制实现风险共担、

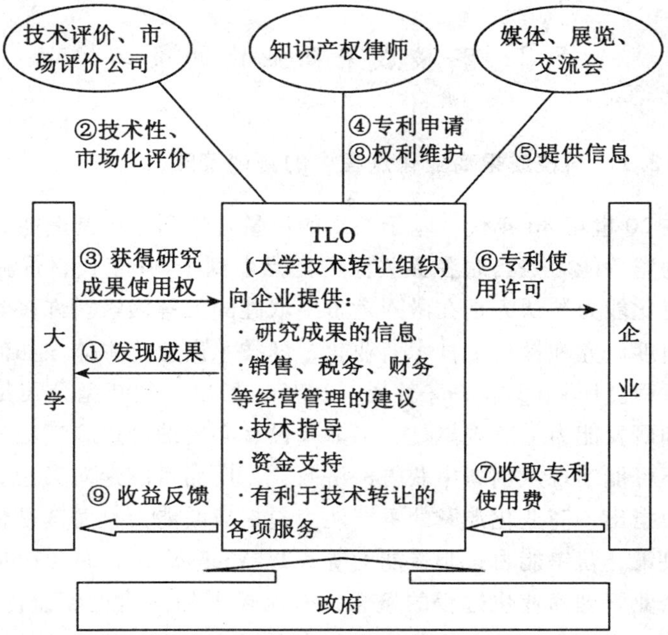

图 5-7　日本 TLO 的运作模式

资料来源：平力群（2006）。

利益共享，其优点是资源整合、风险分散。

值得注意的是，随着科技进步和经济发展，两者在实践中的界限越来越不明晰，因为一体化模式不能缺失与外界的信息和技术交流，非一体化模式的各主体也一定要在创新过程中形成和发展自己的核心能力，作为独立的主体来讲，非一体化模式中又存在着独立的技术创新和科技转化。这种模糊的界限并不代表两种模式的区别没有意义，相反，一国创新体系的各主体应该从这两种模式的差异和优缺点中明确自身的定位，扬长避短，并充分地利用各种渠道和资源，选择适合自身的科技成果转化模式。科技成果转化是一个复杂的系统工程，因此，在整个科技成果转化过程中，各创新主体需要根据自己的能力、资源及发展战略，选择有效的科技成果转化模式。

5.3 科技成果商业化的策略

5.3.1 科技成果商业化过程中的营销策略

在20世纪80年代，基于杰出的质量管理和生产制造能力形成企业的竞争能力是当时各界关注的焦点。到了90年代，优秀的技术商业化能力被认为是在激烈竞争中取胜的关键因素。许多学者从微观角度研究和探讨了技术商业化，即技术商业化主体该如何实现这一过程。David J. Teece 教授（1986）指出，创新型公司尽管在创新和研发能力上表现卓越，但如果没有必要的制造和其他相关能力，不可能实现从创新中获得经济效益，反而可能走向灭亡。他在研究中指出，商业化涉及的重要能力包括战略能力，尤其是整合与合作决策、营销能力、制造能力等。T. Michael Nevens（1990）提出了企业管理商业化过程的概念，并阐述了如何建立商业化能力。他指出，企业杰出的商业化能力是在激烈竞争中取得成功的十分重要的因素，诸如佳能、飞利浦、GE 等这样的公司已经培育和不断改进了将基于产品的精湛技术推向市场的能力，其成功的关键是比竞争对手更了解商业化过程本身是一个创新过程，而不像那些失败公司仅仅将商业化过程视作一系列独立的步骤，或者认为这样的创新任务本身是无法有效管理的。Marco Lansiti 和 Jonathan West（1997）指出，在许多行业中，高超的技术整合（用于挑选和提炼在新产品、制造流程或服务中所使用的技术方法）是提高研发生产率和速度以及获得优秀产品的关键。如果一个公司选择了不能协调发挥作用的技术，就可能因一个难以生产、进入市场太迟以及不能达到预想目标的产品而告终。因此，优势往往属于那些最擅长在大量的可选择技术中进行挑选的企业，而非开发这些技术的企业。

不少学者认为，科技成果转化的过程包括研发阶段、中试阶段、技术扩散及生产阶段（如图5-8所示）。然而，这种简单、线性的模式忽略了市场营销阶段，即使能完全克服技术和资金的障碍，也往往因为没有以市场为导向，致使科技成果转化流于失败。

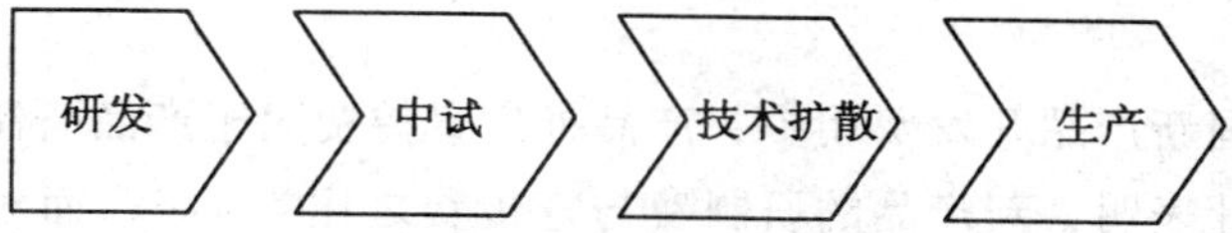

图 5-8　科技成果转化过程（一）

资料来源：作者整理。

David J. Teece（1986）指出，创新者即使拥有能为消费者带来价值的新产品、新工艺，也常常因为错误的市场定位而导致必然的失败。正如国家科委 1994 年的一项课题研究所指出的，“我们所说的科技成果转化，是指科技成果从研究、开发、中试、试制、生产、销售至取得较高的经济回报所经历的过程”，其研究还将科技成果转化分为三个阶段——技术成功阶段、工程成功阶段和商业成功阶段。在这些关于科技成果转化的定义中都将商业化视为科技成果转化不可缺少的一个部分，然而商业化与科技成果转化在意义上有重叠部分。我们认为，包含在科技成果转化整个过程中的商业化要强调的是营销阶段。营销对整个科技成果成功转化具有重要意义，是连接科技与市场的关键环节，是促进技术市场化的重要阶段。

国家科委课题组（1994）对上海市 410 项工业科技成果的调查中，将成果转化划分为三个阶段——R&D 阶段、生产阶段和市场营销阶段。在“商业上不成功的因素分析”中，有 20 项（总数为 75 项）科技成果由于“销售有问题”而影响科技成果转化。在整个研究中“无市场需求”和“开发设想不当”两个因素是导致科技成果商业化不成功的最突出的因素。尽管这项研究在时段上属于 20 世纪 90 年代，但是这里反映的问题却并没有在随后的研究中引起足够的重视。这反映出我国许多科技成果转化忽视市场因素和营销环节。英国 20 世纪七八十年代的萨福项目（Scintific Activity Predictor from Patterns with Heuristic Origins，SAPPHO）通过对两个产业（化学和科学仪器）创新成功和失败的对偶比较，找出区别创新成功和失败的五个关键因素，其中就有“成功的创新者对用户需求有更好的理解”和“成功的创新者更注重销售、产品宣传”。

美国新产品开发费用中，产品推广宣传费大于产品研制费。据有关统计表明，新产品的研制费与宣传费之比为1∶4，而对于一个工业类新产品，费用之比为1∶6。美国非常重视对科技成果的转化与产品开发的投入，越是高新技术产业，投入越大。美国各行业对科学研究与产品开发的资金投入占其行业产品销售收入的百分比分别是：医药产品为20%，软件技术产品为11%，汽车行业为8%～12%，电子技术产品为8%，石油类产品为5%，纺织品为1%，平均投入百分率为7%～8%。①

科技成果转化必须以市场为导向，要以市场为导向就离不开市场营销。一个好的科技成果如果不能在营销上取得成功，最终就会阻碍科技成果的成功转化。我国农科院饲料研究所于1999年研发成功的植酸酶发酵技术的成功转化就是一个很好的例子。植酸酶发酵技术是极具价值的，农科院饲料研究所产业处在全国范围内展开了数十次宣传和推广活动，介绍技术成果的详细情况和前景，最终于2001年与浙江温州一家私营企业宏利生物技术有限公司进行技术转让，成果许可使用3～5年。然而宏利公司虽有设备条件，却对销售饲料不熟悉，于是在饲料所协助下，宏利公司寻找到销售合作单位，与北京挑战饲料科技集团达成一致，把植酸酶产品的销售全包给北京挑战集团。目前植酸酶产品年产销量占国内市场的60%。② 在植酸酶发酵技术转化过程中，挑战集团担负起营销阶段的重任，凭借其渠道和专业经验对植酸酶产品进行了成功的营销，最终促成植酸酶发酵技术的成功转化。农科院饲料研究所、浙江温州宏利公司和北京挑战集团在这里分别担任了科技成果转化三个阶

① 孔凡真：《美国科技成果转化特点与做法》，《国际商报》2001年4月22日第4版。

② 张宣：《“7＋1”科技成果转化新模式——访中国农科院饲料研究所产业处处长罗发洪》，《经纪人》，2006年第2期。

段的重要角色，通过技术转让和合作的方式成功实现成果转化。在这三个阶段中，这些角色缺一不可。

成功的科技成果转化过程必然包括营销阶段（见图 5-9）。营销阶段是连接科技与市场的纽带，以市场为导向的科技成果转化效率更高，转化周期更短，也更有可能成功；没有营销阶段的科技成果转化是不完整的转化，也常常是不成功的转化。

图 5-9　科技成果转化过程（二）

资料来源：作者整理。

5.3.2　风险投资是科技成果转化的驱动器

科技成果转化是一个高风险和充满不确定因素的过程，投资科技成果转化风险很大。由于研发阶段往往需要巨大资金投入，在科技成果转化阶段资金问题往往也是制约科技成果转化的一个重要因素。美国的实践经验表明，风险投资一直追逐高技术的发展，高技术产业也是依靠风险投资基金扶持而发展起来的。硅谷从一个名不见经传的小地方发展成为美国当今九大制造中心之一，成为美国集成电路、计算机、导弹和航天设备的产地，成为美国技术产业发源地和创业活动的聚集地，风险投资发挥了巨大作用。英国前首相撒切尔夫人曾说过，英国与美国相比，并不是落后在高新技术方面，而是落后在风险投资上。

根据美国风险投资的定义，风险投资是由职业金融家投资到新兴的、迅速发展的、有巨大竞争潜力的企业中的一种权益资本。根据美国商业部不完全统计，第二次世界大战以来 95% 的科技发明都来自小型的新兴企业，而这些发明创新转变为实际生产力要借助于风险投资。① 风险投资具有几个十分鲜明的特点：无担保、高风险性，高技术、高收益性，高附加、高参与性。

风险投资的性质决定了它自然地成为科技成果转化的推动器，尤其是在高科技成果的转化方面。

第一，无担保、高风险性决定了风险投资投向科技成果转化领域。当一项技术进入产业化初期，首先需要解决的就是资金问题。在融资渠道上，自筹和银行贷款对于除了技术就一无所有的企业来说，根本不具备贷款资格。这时最有可能的途径就是引进风险投资，因为风险投资既无抵押也无担保。

第二，高技术、高收益性决定了风险投资成为促进科技成果转化，尤其是高技术转化的驱动器，无论国内还是国外，风险投资的投向都是高新技术产业，因为高新技术转化需要风险资本，同时高新技术一旦成功，可以带来高额利益和垄断利润。同时，高技术产品的发展速度很快，例如，美国的硅谷每天要产生上百个高新技术企业，每天有 10 多家企业上市，一天可以创造 60 多个百万富翁。

第三，高附加、高参与性使风险投资家不仅仅提供资金，同时还提供附加服务，包括管理咨询、寻求新的合作伙伴、业务拓展等。一旦签订投资协议，风险投资家就会直接或间接参与受资企业的管理，在受资企业的董事会中担任要职，在重大决策中起决定作用。风险投资公司和风险企业的关系就像一个婚姻的开始，利益共享，风险共担。这种高度的参与和对管理过程的专业指导保证科技成果转化的顺利完成。此外，风险投资家在投资决策中会对各个项目进行慎重筛选，作细致的专业评估，以确保风险投资能够成功。其项目筛选过程也就是对科技成果转化能否成功的一个专业评估。对于通过评估的项目，注入风险资金，推动完成成果转化。

科技成果转化，尤其是高新科技成果转化存在较大风险，但在风险中蕴藏着巨大利润，这种利润需要风险资金的注入来支持、开发、挖掘，为科技成果转化注入动力，从而促进科技成果转化。如

① 刘曼红：《风险投资：创新与金融》，中国人民大学出版社 1998 年版，第 3 页。

果说资本是科技产业发展的助力器，那么风险投资就是科技成果转化的驱动器。

5.3.3　企业家精神是科技成果转化的催化剂

熊彼特指出，企业家创新的动机来源于利润和“企业家精神”。在其创新理论中他特别强调企业家的技术创新主体功能，并提出了创新模型，如图5-10所示。该模型的两个重要特点是：

（1）存在与科学发展相关但不能确定的发明流，它们大半处在现有企业和市场结构之外，基本上不受市场需求影响。

（2）一群企业家意识到这些发明的未来潜能，准备冒发明和创新的风险。这里熊彼特看到并强调企业家及企业家精神在推动技术走向市场过程中的作用和意义。

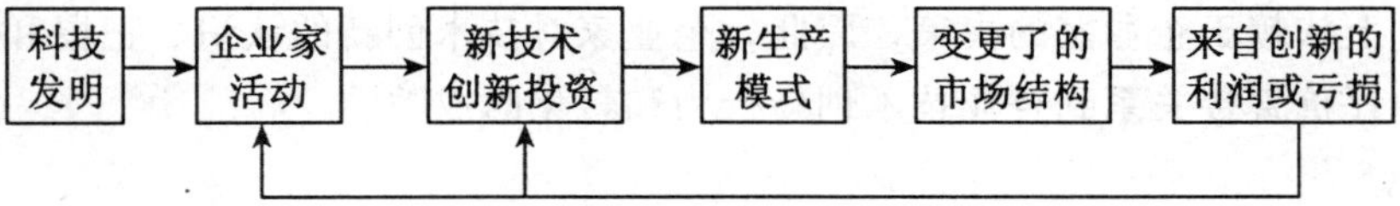

图5-10　熊彼特创新模型

资料来源：张键华：《创新、激励与经济发展》，华中理工大学出版社2000年版，第41页。

在现代企业制度下，企业家是指受过专门训练且有专业才干的从事创新活动的职业化经理阶层。企业家在创新活动中养成的体现自己职业特点的思想意识、思维活动和心理状态就是人们通常所说的企业家精神。科技成果转化是一个具有不确定性和风险性的活动过程，许多难以估计和不可控制的因素都会影响到企业的科技成果转化。因此，在研发、试制、生产、营销的整个过程中，准确而迅速的决策是成果转化、有效实施的前提和基础。这需要创新决策主体发挥能动作用以胜任这项工作。在有关企业技术创新的调查中显示，企业家精神是推动技术创新的重要因素。

企业家精神影响科技成果转化的决策。企业家精神的本质就是创新精神，体现在冒险精神和竞争能力等方面。这种精神带来的领导决策能力、对市场的超前感悟能力能够促成科技成果转化决策，即在企业家精神的影响下，企业不会因循守旧，而是积极地将最新科技成果转化为新产品推向新市场，通过科技成果转化保持企业的竞争力和领先优势。

企业家精神影响科技成果转化的实施过程。企业家是创新组织中处于权威地位的杰出人物，并常常拥有一个杰出的领导团队，他们往往对市场有特殊的敏感性并倾注更大的关注，对用户的需求有更好的理解，能对一项科技成果的潜在价值和用途有超前认识，能在企业内组织并形成良好的合作和流程。企业家的进取精神能影响和促进科技成果转化。

科技成果转化过程本身也是一个创新的过程，而创新是企业家精神的重要本质之一。企业在技术创新中担负着重要角色，企业家在技术创新中的地位和作用也越来越重要，技术创新行为很大程度上依赖于企业家的决策，因此，企业家对技术创新的认识、把握和评价直接关系到企业技术创新行为和转化的成败。

第6章　企业品牌战略

中国缺乏国际品牌，中国商标频繁遭遇国外“商标抢注”，这看似矛盾的两个现象，却折射出中国“制造大国，品牌小国”的窘境：商标及品牌无疑成为制约中国企业国际竞争力的重要因素。

6.1　品牌竞争优势及其衡量指标

6.1.1　品牌竞争优势

早在20世纪70年代，美国许多管理学家就提出，随着技术的快速推广，产业的竞争日趋激烈，在这种持续变革的环境下，真正能赢得持久赢利的战略仍然体现在无形的竞争优势方面，技术创新能力、产品与服务质量的改进、企业的信誉和品牌影响力等都是无形竞争优势的体现。迈克尔·波特认为，企业若在提供的产品或服务方面形成在全产业范围内具有独特性的东西，则通过差异化战略就能实现产业中的超额利润（Poter，2002）。从产品差异化策略来讲，差异化战略可利用消费者对品牌的忠诚度以及由此产生的对价格的敏感性下降使得公司能避开竞争。它可以使企业在较高价格、增加利润的同时不必追求低成本（Erdem，2002）。消费者的忠诚以及其他竞争者要战胜这种独特性需要付出长期巨大的努力构成了进入壁垒，公司赢得了客户对品牌产生忠诚时，在面对替代品威胁时，其所处的地位比其他竞争者更为有利。而这种优势一旦形成，就具有很强的产品延伸、业务扩张、产业辐射能力以及抵御竞争的作用，产生规模经济和范围经济的效果。可以说，品牌意味着市场占有率、竞争力和盈利能力。在这种情况下，品牌成为竞争优势的象征，或者品牌影响力本身就是竞争优势的体现。

微观经济学在对消费者行为的研究中，往往强调消费者偏好对一类特定产品价格的影响。当市场存在品牌选择的不确定性和信息不对称性时，价格对消费效用的影响可通过品牌信任度得到调整。品牌信任度可在不确定条件下缓和消费者对价格的敏感性。Tulin Erdem（2002）的研究证实，通过减少价格敏感性，更可信赖的品牌能创造更多的消费利益。Tulin Erdem 的研究认为，如果大多数消费者对产品的长期消费历史的评价存在不确定性，且不可能通过简单、有限的外部信息减少这种不确定性，那么，这类产品的品牌信任度对价格敏感性的影响就比较大。同样，对存在很高的潜在风险的那类产品，消费者的购买决策行为是相当复杂的。

从定价政策来考虑，品牌经理应该考虑品牌信任度和消费者价格敏感性之间的关系。定价策略应该努力去降低价格敏感性，增加消费者效用。同时，也要考虑品牌所提供的可预见性的风险减少和信息成本，并考虑品牌信任度的不同类型。如 IBM 与 Dell 电脑对不同的消费群体的信任度是有差异的，从而表现出价格敏感性差异。这种品牌对消费者价值影响的战略思考，有利于改进企业的收益和损失的评价方法。

如何通过品牌信任度影响消费者对价格的敏感性？品牌经理应该努力地、热情地去管理与保护品牌信任度水平，品牌管理应该包括信任的所有方面，如所有品牌营销组合要素的一致性、时间上的连贯性、品牌质量的稳定性，仔细地考虑品牌扩张的后果。

总之，一致性涉及经营的每一个职能。如果某一个职能部门的行动不能与整体的经营策略相协调，必然会失去连贯性和一致性，进而丧失品牌信任度，增加价格敏感性。另外，一致性还应该被认为是企业最优化的目标。所以，职能部门的经理有责任确保他们的雇员认识到，他们在与消费者打交道时所起的作用是帮助公司实现最优一致性目标。

在品牌信任度与价格敏感性之间的关系研究中还应该考虑消费特征的变化，因为消费特征会决定品牌的影响程度，品牌信任度和价格敏感性之间的敏感性会因产品和消费特征的变化而不同。IBM

曾经以巨大投资建立了消费者对其品牌的忠诚，并维持了近二十年。20 世纪 90 年代以后，消费者对电脑产品的兴趣发生了转移，Dell 以较小的努力同样赢得了较高的市场份额。同样，不同消费者对服装和汽车产品的品牌信任和价格敏感性是不一样的，即使是同一消费者，也会随着时间和收入水平的变化，消费观念发生变化，从而会降低对产品价格的敏感性或改变品牌偏好。

综上所述，价格通过品牌信任度影响消费效用，品牌信任会减少价格敏感性，意味着消费者愿意接受产品的高价位，从而增加产品的利润空间；但品牌信任度对消费选择和价格敏感性的影响程度（大小、范围）是随着产品种类不同而变化的。消费者对品牌信任度的预期和价格敏感性的影响会随着时间而变化；产品功能的差异会影响潜在消费的不确定性和消费者对这种不确定性的敏感度。

6.1.2　品牌竞争力指标及其衡量

一个国家、地区或企业的品牌竞争力可以从驰名商标、名牌产品拥有量以及区域品牌的影响力等指标来衡量。

品牌是商标概念的延伸。当从知识产权范畴分析时，商标就是一个较正式的概念，它是区别不同产品及生产者的一种设计标志。商标一旦注册，就变成受法律保护的一种知识产权。商标中的驰名商标是经过商标主管部门认定的一种特殊商标，其法律保护的效力比一般商标更强，经济价值更高。相对而言，品牌的内涵和外延则比商标更宽泛，它是一个约定俗成的概念。通常，驰名商标一定是一个知名品牌，但知名品牌不一定是驰名商标。但两者都需要依附于具体的产品或服务作为其载体，其知名度的形成都依赖于长期的市场检验、认可以及法定机构的认定（尤指驰名商标）。

影响名牌和驰名商标产生的因素很多。例如，《福布斯》（*Forbes*）的奢侈品牌的排名（Top Luxury Brands）是基于四种不同标准的评分来确定的：

- 控制销售渠道的能力；
- 品牌对购物选择的影响力；
- 市场营销效率；

● 产品的销售能力，比如销售收入或市场份额。

这些因素也就成为衡量品牌竞争力的重要指标。

6.2 品牌的形成：品牌认知与品牌忠诚

6.2.1 品牌认知与消费者学习

营销的一个基本观点是满足顾客需要，营销者的一个首要任务是调查、发现潜在顾客及其需要。顾客需要什么，商家就提供什么，这种需求决定供给的基本营销模式的隐含前提假设是完全竞争模型的假设：即消费者具有完全信息，这意味着他们知道自己的机会组合，或者说他们知道有什么可供选择，他们不仅知道每家商店的商品和卖价，还知道每种商品的全部特点，并且他们的消费偏好是既定的，而这种近乎完美的模型和假设在生活中是不存在的。这种假设忽视了消费差异，也夸大了消费者个体的认知能力。事实是，市场和价格提供了关于产品的信息及其营销激励的基础。从当今大量的新知识产品，尤其是高科技产品大量出现的现象，我们不难作出这样的假设判断，即消费者在一开始并不知道自己要什么，加之知识水平、判断能力的局限性，他们不可能对最新科技动态作适时把握，也不可能对最新科技产品的实用性、市场化情况完全了解，更不可能掌握所有的新知识、新技术、新成果。由此可以推断，消费者也有一个受教育的消费学习过程，要"学会"去"要什么"：这一方面是指消费者对知识经济时代科技背景知识的学习，从而在识别，认同最新科技产品层面上提高自身的素质；另一方面指消费者对商家营销活动所传达的信息的学习。这两部分的学习，正是高科技产品营销策略的基础，营销活动是对消费者进行诱导，是对消费者半学半教，让他们了解学习高科技产品的背景知识，潜移默化地改变他们的需求动机，然后在学习过程中施加营销者的影响。在这方面 IBM 公司和摩托罗拉公司在进入中国市场的过程中运用得尤为老道。他们在中国的高校、科研机构举办培训、讲座，提供辅助教学、研究设备，设立奖学金，让那些知识消费者首先感知高科技产品的魅力，然后通过集团消费向家庭、个体消费者提供示范效应。通过学习，消费者就能知道自己想要什么，就会形成某种感知和期望，并据此去识别产品。顾客最终决定购买什么产品，取决于他曾经体验过什么产品。对于高科技产品而言，这里所说的体验只能是通过学习获得的感知，而不是实际使用过产品的经验。在今天的高科技舞台上，感觉领先于现实，人们对一个公司及其产品的看法——即人们的心理认同程度，对公司未来的成功至关重要。英特尔公司就是一个心理认同操作大师，它几乎使全世界的几百万人感到最高质量的 PC 机必须是“内有英特尔”（Intel inside）的机器，虽然对手的芯片在功能和性能上几乎完全一样。

在如何获得消费者的心理认同的认知策略上，高科技企业的营销专家决不逊于传统的营销专家，他们不是偏执的技术资本家或技术偏执狂，甚至与其说他们是一个技术专家，还不如说他们更像一个广告节目主持人。当初比尔·盖茨为推介他的 Windows 98 在全球市场的刻意炒作，举办大型的新产品发布会，并亲自示范展示高科技产品的魔力，其营销的技巧堪称世纪典范。大多数高科技企业的管理者深知赢得心理认同离不开各种媒体的妙炸，离不开工业分析家的分析报告和向用户推荐新产品，离不开投资银行家或风险投资者的支持，他们最常用的宣传口号是要使自己成为“市场领导”，而市场甚至还没出现。美国硅谷市场营销专家，《高科技高希望》一书的作者保罗·弗兰森说过：“使你的产品区别于别人的产品甚至比创造更好的产品还重要。”技术产品越来越消费品化，甚至产业产品也要像消费品那样营销，“你必须有广泛的声誉才能向信息设备部门推销产品”。

消费者对高科技产品的感知是按照认知理论来实践的，即对产品高度关注，根据自己的经验和对知识的理性运用来了解产品，经过仔细的权衡之后才决定是否购买这种产品。这一方面是因为大多数消费者在技术产品方面并不是老于世故的，需要较长时间的了解学习；另一方面也可能是因为大多数高科技产品一般价格比较高，对大笔的消费投资，消费者一般是比较慎重的。另外还有一个原因可能是对风险性和安全性的考虑，例如，新药特效药的使用安全性，借助于电脑的技术产品的操作安全性，借助于网络技术的信用卡消费以及类似的股票债券投资的风险性及安全性问题等，消费者是尤为关注的。他们往往是在对大量信息经过理性的较长时间分析之后才决定是否购买。而对一般的消费品，如日常用品、服装等，消费者往往采用适应理论，低度关注，即使购买某种产品之后产生认知失调，也不会造成太大损失，下次更换品牌改变消费决策是很容易的。

6.2.2 品牌忠诚

长期的竞争优势依赖企业的核心竞争能力，也是企业的持续创新能力。而核心竞争力并不就是指产品，而是指一个公司比任何其他企业做得更好的各种活动，通常是指知识系统或者知识性的服务，这些技能和服务能为客户创造独特的价值。像产品设计、软件系统、产品维护等都属于智力性的服务，是核心竞争力的体现。让最好的人为最好的企业工作就能使企业成为杰出的市场领袖。因此，长期的竞争优势关注的是企业持续的创新能力和知识性的、技能性的服务能力。

成功品牌的缔造者通常都极具创新能力。一些拥有知名品牌的国际大公司常能根据市场变化推出新产品或赋予老产品以新的形象，即使以“全球一致的标准化产品和服务”自称的“麦当劳”，在中国市场上推出的一些新产品在美国市场是看不到的。“宝洁”公司每年与超过700万的消费者进行交流，各种产品每年至少要做一次改进。“联合利华”每年投资大约10万美元用于产品的研究和开发。可见，真正的国际品牌很少是靠一成不变的一种产品打天下的。相比而言，国内一些企业往往忽视消费者需求和竞争市场的变化，对产品生命周期缺乏预测力和判断力，体现为对竞争者的威胁缺乏反应或应对能力，对缺乏市场潜力的产品或项目盲目投资，或者对有前景的产品投资不足，从而使得老品牌缺乏生命力。

对高科技企业而言，品牌忠诚比产品忠诚显得更为重要，尽管后者是前者的基础。如果是一个全新的企业，使用一个全新的品牌，在一个全新的行业或产品范围内树立一个先锋品牌的市场领袖地位，其营销努力应是“推”与“拉”的策略的完美结合。从“拉”的策略来讲，引导消费即消费者学习是营销的理念。此时，不管是通过广告还是其他营销措施，其重点是传递产品信息，且这种信息与消费者的工作、生活与整个经济背景相联系，这时的硬推销策略是不合适的。而“推”的策略最合适的对象是专业代理，他们懂得本产品或行业的技术，具有成熟的销售网络。这方面微软的做法有借鉴意义：微软在其新视窗推出之前，为一些大的电脑硬件制造商免费或亲自上门安装其操作系统，也为一些大的集团消费者和代理商提供安装调试、培训服务，再由其代理商和合作的电脑制造商去向消费者推介。像 IBM 公司和世界几大移动电话通信公司则更多地是面对集团消费群体和通过广告的方式去实现消费者学习。因此，强调培训与消费者学习的方式确实不同于一般产品的营销。同时，高科技产品的完善便捷的售后服务机制更是树立品牌偏好，将品牌特征与消费者满意度相联系，建立品牌忠诚的长期策略。

高科技产品技术更新快的竞争压力和尽快收回高投入成本的期望，可能使得这类产品的经营周期与一般产品有差异。

一般产品的经营周期是从消费者需求出发，生产者提供满足和适应消费者需求的产品或服务，从而形成比较优势和品牌偏好。高科技产品的经营周期往往使生产者变得更为主动，通过创新产品刺激或创造潜在需求，帮助消费者认识品牌，最终形成品牌偏好。

当然，这里并不是为“供给能自动创造需求”的萨伊定理辩护，而是说明需求分为显性需求与潜在需求，潜在需求是指消费者没有意识到或者虽然意识到，但不能清楚地具体界定的需求。营销者何以能把握这种需求，一方面是根据未来经济和技术的发展所作的预测，另一方面是根据少数前沿消费者的预期，但尚未构成大众需求。从这个角度讲，创新产品的出现（供给）应该是有需求依据的，否则营销可以创造一切。

另外，延长高科技产品的生产周期，仅靠专利期限保护是远远不够的，因为专利制度保护的通常是技术寿命，而不是市场寿命。维持市场竞争优势仍然离不开以下营销努力。

第一种策略是保险式的营销。以什么行动让消费者确信他购买的产品的质量可靠性，质量保险是一种营销方式，厂商为使用者提供保险承诺，且保险期限不能太短，比如 3 ~ 5 年是保险的比较满意期限。

第二种策略是保修。与保险相比，保险期限既要让购买者放心，又不致使生产成本太高，要权衡。比如为一辆 3 年内不会坏的汽车保险与 5 年内提供保修，对生产者来说，哪种成本更大?

第三种营销策略是经营场所的规模与产品陈列。通常一个规模较大、陈列产品较多、装饰讲究、作业规范的经营场所能给消费者传递一种信息，认为这种产品是好的，经营是正常的，而且还会是长期的。

第四种营销措施是保持信誉，其假设是信誉能给厂商带来利润，当厂商在信誉上出了问题时，它会受到损失。维持信誉时会带来利润，这时产品的价格应当高于成本，否则信誉就不是一种营销好产品的激励。对于那些质量差别很大并且商品在购买前很难加以检验的高科技产品，信誉是相当重要的，而此时产品的商标或品牌名称则成了信誉的象征，也是高科技产品无形优势的集中体现。Stiglitz 认为，在信誉很重要的市场上，竞争并不能够使价格降低，原因在于大多数消费者有过烦恼的经历，一旦产品价格“太低”，厂商就缺乏信誉的激励，从而就只能指望低质量的产品了。毕竟，现实生活中物美价廉的产品并不总是那么容易获得的。

6.3 中国企业的品牌国际化战略

6.3.1 中国企业为什么缺少国际品牌

2005 年，《商业周刊》“全球知名品牌 100 强”的榜单中，中国企业却无一入选。世界著名市场研究公司明略行 2008 年最新品牌研究报告称，在 2008 年度 100 个世界知名品牌排行榜上，中国有 4 个品牌入围，它们是中国移动通信、中国银行、中国建设银行和中国工商银行。这 4 个品牌的市值在一年内升值总数为 1 240 亿美元，和 2007 年相比升值 51%。而 2009 年出版的美国《新闻周刊》7 月 27 日一期刊登一篇署名文章称，中国以世界工厂著称，但即使最棒的中国企业名气也不大。这篇题为《普通的巨人》的文章，要点如下：中国华为集团也许是你从不知道的最佳企业，而这也是中国面临的大问题。1988 年，以不到4 000美元作为启动资金创立的华为集团，已经从一个小进口商，成长为一个巨人——去年收入增长 43%，超过 180 亿美元——现在，它有可能成为仅次于爱立信的世界第二大电话硬件制造商。美国《商业周刊》最近把它列入全球最有影响力的 10 个企业之一，与苹果、沃尔玛、丰田和谷歌齐名。然而，华为却是其中国际知名度最低的一家公司。

2009 年 7 月 27 日美国《新闻周刊》的一篇文章认为，中国没能造就全球知名品牌的最简单解释，也许是国内竞争激烈。在大部分生产领域，都有数以百计，或数以千计的公司竞争国内市场，导致利润非常低。

像谷歌或耐克那样，把过硬技术与市场营销策略完美结合起来，是一门艺术，中国公司目前还不能掌握。联想和海尔试图通过并购，拥有知名品牌的做法也不太成功，最近的一些想并购外国企业的买家也很可能失败。西方公司同中国公司的融合，很可能遭遇文化冲突。

很多公司把华为作为学习榜样，但它最多应该算作一个不完美的榜样。即使华为想直接面对消费者，它也会因为公司所有权和领导权不明确而遇到障碍。分析家、政府官员和电信企业都对该公司的财务状况，甚至对中国政府是否拥有一定股份产生怀疑。兰德公司 2007 年提供给美国空军的一份报告还说，华为可能与中国军方有很深的关系。

大型中国公司与政府有联系的传闻在顾客们看来还是危险信号。每个成功的市场营销商都知道，印象是重要的。如果华为只想培养几个企业客户，也许可以直接向他们解释澄清。但如果中国希望在全球消费者市场中打造一些著名品牌，它需要另外的榜样——一个有兴趣打造知名品牌的企业。

即使一些企业有品牌意识，但缺乏品牌营销，尤其是品牌推广不力和分销渠道跟不上也影响了品牌的国际化。美国管理咨询公司埃森哲曾经就中国企业所面临的品牌机遇和挑战进行了调查分析。调查发现，国际市场包括亚洲邻国都普遍缺乏对中国品牌的了解。尽管有消费者称他们知道中国品牌，但很少有人能准确说出某类产品的中国品牌名字，很多人还分不清哪些是中国品牌，哪些是日韩品牌。一般而言，提起中国品牌，人们马上会联想到价格便宜、物有所值的产品。但是，中国品牌也常因其质量、性能以及吸引力而获得认可。同时，研究发现，世界各地对中国品牌的接受态度也不尽相同。拉美国家的消费者便是最愿意购买中国品牌的人群。阿根廷及巴西的消费者对中国品牌情有独钟。加拿大、美国、墨西哥等北美国家也比较热衷于中国品牌。虽然北美消费者不如南美与中美洲的消费者愿意接受中国品牌，但他们也乐意在当地市场尝试中国品牌。欧洲国家对中国品牌依然比较排斥，中国品牌在欧洲的知名度不高。某些欧洲国家，特别是西班牙、英国及意大利等国的消费者十分乐意考虑购买中国品牌。问题在于，这些国家的消费者无法买到中国品牌的产品。例如，在考虑购买中国品牌的西班牙消费者中，只有真正购买了中国产品才能对中国品牌有所了解。关键在于能否将中国品牌打入这些国家的销售渠道，因为这些消费者一旦选择购买中国品牌，他们便会购买相当数量的中国品牌产品。在亚洲，日韩两国的消费者甚至不看好中国品牌，他们很少考虑、购买或优先选择中国品牌的产品。印度消费者更愿意考虑、购买并向他人推荐中国品牌。

除了过度竞争、缺乏品牌意识和营销技巧之外，另外一个事实是：中国出口产品90%依靠“贴牌”，拥有自主品牌的出口产品只有10%左右。外国公司在中国出口中所占份额大约是57%，这一比重在过去十几年中稳定攀升。在全球各大都市的高档百货公司、精品店中，并不难找到挂着国外企业的商标却印有“中国制造”字样的商品。而在高技术领域的出口中，外国公司所占比重甚至高于80%。英国学者克罗伯以个人电脑为例分析指出，2004年中国出口个人电脑达到600亿美元，是仅次于服装的中国第二大出口项目。但是，像清华同方、方正等国产品牌在其中所占的份额却很少。由此我们不难找出中国企业无法上榜的症结所在：中国的企业过于追求以销售额衡量的“大”，却忽视了自主品牌的开发和品牌核心竞争力的培养。

在品牌设计方面，中国品牌策略通常是去努力改进产品质量形象，而对品牌的视觉设计方面注意不够，影响了品牌的国际化目标。

韩国消费电子制造商三星电子公司可以说是运用新品牌策略的大师。七八年前，三星还是一个低端消费电子制造商，拥有一大把品牌，比如 Wiseview、Tantus 和 Yepp，使消费者眼花缭乱。公司认为提高价值链的唯一办法是打造一个核心的强势品牌，随后便砍掉了其他品牌只保留了三星。好的设计不仅仅指外壳形象，声音也能体现出独具匠心的设计理念。三星坚持在所有产品中使用同一种关机音乐，甚至在广告中也使用同样的声音。三星全球市场总裁格列高利·李说：“我们希望以同一个声音、形象及产品的触觉来打造唯一的品牌。”三星的品牌战略已经证明是成功的，排名第 20 位的三星过去五年品牌价值狂涨 186%，超过榜单上所有其他品牌价值的增速。

除了利用市场策略来营造品牌之外，更多厂商更加看重产品的设计，通过新颖时尚的设计来区分自己的品牌并显示领先技术。例如，过去五年中，三星将全球设计人员增加到原来的 3 倍，达到 400 多人。摩托罗拉和飞利浦都不同程度地增加了设计部门的开支。

然而，国内很多企业，对品牌核心价值的定位和维护重视不够，主要体现在：

一是重宣传轻研发。一些企业的广告投入远远高于用于产品技术研发的投入。

二是品牌形象缺乏个性，无法进入国际高端市场。

三是品牌形象缺乏稳定性，诉求主题月月新、年年变，品牌的核心价值并没有得到一以贯之的体现和维护。

实际上，品牌设计和公司所追求的消费者积极反应之间有明显的关系，通过有效的视觉设计，最大化品牌优势，中国品牌战略就能实现公司的国际化目标（Henderson, et al, 2003）。

6.3.2 中国企业的品牌国际化模式

概括来讲，中国企业国际化战略所遵循的模式，一种是选择在当地设立工厂及销售网络，以绕过高关税壁垒和降低运输成本，并利用当地的比较优势资源。这一模式目前已被康佳、创维成功运用。这一模式被认为是先欠发达市场，后发达市场，由远到近，由简到难，逐步升级的战略方式，比较符合比较优势理论。

另一种国际化模式是直接在发达地区设立生产基地，这一模式以海尔为代表。海尔的国际化战略被总结为“先难后易”战略，即先从最难进入的发达市场进入，逐步培育国际品牌，形成高屋建瓴之势，辐射欠发达市场。所以，海尔冰箱出口选定的第一个登陆点，就是有“冰箱鼻祖”之称的德国。

中国企业早期的国际化竞争战略总的来看是以低成本方式进入国外市场，在欠发达市场还显示了产品差异（质量）优势，在发达市场除了低成本优势之外，在目标积聚方面也具有成功之处。比如中国家电企业之所以能进入欧美市场，其中一个重要的原因是当地的制造商已逐渐退出传统的、需求能力有限、利润较薄的制造领域，从而给具有一定的质量和成本优势的中国企业留下了市场空间。

贴牌生产（OEM）可能是包括家电产品在内的消费品市场上中国企业目前走向国际市场的一种现实的选择。贴牌生产实际上是把自己从品牌企业的竞争者变成合作者，把中国企业的成本优势与外国企业的品牌优势相结合。格兰仕的成功就说明了这一点。

中国家电企业的国际化绩效可以从一定程度上反映出我国企业的整体国际化绩效，归纳如下：

- 以低成本和一定的产品质量优势（差异）方式成功利用当地市场的比较优势要素进入欠发达市场，或利用当地的经销商和品牌资源进入发达市场。这种战略更像是寻求一种比较优势。
- 以建立品牌为目标，以产品差异方式进入发达市场。这种战略一开始就是追求一种竞争优势。

可以说，海尔的扩张路径具有国际跨国公司的气势，所不同的是它一开始就缺少跨国公司的品牌张力，由此决定了它进入国际市场必须有足够的投资能力扩大其品牌影响力，而它的投资能力一部分来自于自有资金，另一部分来自外部融资。海尔选择“先难后易”的国际化战略，意味着要在最重视品牌，又没有可资利用的低成本生产要素的市场上从零开始建立自己的品牌。如果只有产品差异化而没有足够的投融资能力，海尔就不可能为其品牌进行长期的投资。

衡量企业国际化是否成功有一个重要的财务指标，那就是企业的海外收入占企业全部收入的比重要达到 20% 以上。目前国内企业恐怕只有海尔实现了这个目标。海尔的 3 个 1/3（1/3 的产品国内生产国内销售，1/3 的产品国内生产国外销售，1/3 的产品当地生产当地销售）的国际化目标非常明确：让全球熟悉其品牌是增加利润和销售额的重要策略之一，海尔想重复索尼、松下、三洋、三星等日韩厂商们成功。

由此看来，在国际化经营中，中国企业最可能成功的是那些成本优势相对重要而产品品牌优势相对不重要的行业和产品。中国企业在中低收入国家和地区比在欧美发达国家和地区更有竞争优势，从而更容易取得成功。这是因为，在中低收入地区，决定竞争力的主要因素是成本优势，而非产品差异和品牌优势；在欧美发达市场，情况正好相反。在发达市场，中国企业有两种截然不同的选择：创牌与贴牌。这两种战略在短期来看具有明显的财务绩效差异，而从长期来看，只有品牌增值和利润的同时增加才能证明国际化的真正的成功。

6.3.3 品牌战略管理

1. 商标保护要未雨绸缪

从法律上讲，“地域性”是商标权的特征之一，商标权利要在各个国家以及有独立法律体系的地区分别进行调整，企业商标要想在哪一个国家或地区得到法律保护，就要在那里进行申请和注册。

据世界品牌实验室调查显示，在“中国 500 个最具价值的品牌”中，有近50%未在美国、澳大利亚和加拿大注册，在欧盟的未注册比率高达70%以上。

由于企业对海外商标注册的忽视，中国知名商标海外遭遇抢注问题接踵而至：五粮液在韩国被抢注；同仁堂、杜康在日本被抢注，阿诗玛、海信、红塔山、康佳、竹叶青等也都没有幸免。据不完全统计，目前15%的内地企业商标已被境外恶意抢注，这已严重影响中国企业的国际化发展进程。一旦商标被海外企业抢先注册成功，就会给被抢注商标企业的产品在当地设置障碍，使中国产品不能以原有的商标进入当地市场，从而达到阻止中国企业进入该国市场的目的，保护了自己的原有市场。有些海外企业甚至直接通过向被抢注商标的中国企业索取高额商标转让费获取暴利。

近年来，中国企业在海外市场的知名度和品牌影响力不断提高。与之相对的是，企业的海外知识产权保护意识却依然淡薄，尤其是对商标海外注册问题重视不足，给一些国外经销商或国际职业商标炒家抢注其商标提供了可乘之机。在有些国家甚至出现了专门抢注中华老字号商标的网站和“老字号商标转让公司”。在“王致和”、“狗不理”等中华老字号企业海外维权的背后，一个不容乐观的现实是，海外知识产权纠纷已逐渐成为影响和制约中国企业海外竞争力的重要因素。

在应对商标被国外公司抢注的问题时，我国企业显然存在一些不足。大多数企业基于诉讼成本和证据收集等因素的考虑，都不愿将诉讼作为首选策略。实际上，许多企业更倾向于选择以协商、和解的方式追讨被抢注的商标。

中国社会科学院知识产权专家李明德教授在接受采访时表示：目前大部分企业的普遍情况是，缺乏前瞻意识和长远规划，生意拓展到哪里才去哪里申请注册商标。所以，企业不该一味抱怨海外商标被抢先注册，而是其“现用现申请”的商标意识给对方提供了可乘之机。

因此，中国企业加强商标的国际注册显然是海外知识产权维权的重中之重。就企业而言，对知识产权进行预警和防范是必不可少的，但是具体防范到什么程度，对企业来说不仅是一个法律问题，更是经营策略问题，要适时根据长远的发展规划来落实商标的海外注册。据悉，商务部正在筹备建立中国知识产权海外维权机制，为中国企业的海外知识产权保护和维权提供更有力的支持和更全面的服务。与此同时，国家知识产权局也在研究建立企业对外贸易知识产权纠纷应诉预备资金，以帮助国内企业应对诉讼风险，减轻其对外知识产权诉讼的压力。

无论通过何种方式来追讨企业在海外被抢注的商标，都要付出人力、物力、财力的代价，而且也没有必胜的把握。与其亡羊补牢，不如未雨绸缪，在跨出国门之前，企业一定要有知识产权保护的意识。

2. 顾客忠诚管理

顾客忠诚的利益是巨大的。在很多产业，如果一个公司能持续地为顾客提供高水平的价值，赢得消费者忠诚，其市场份额和收入就会提升，成本就会下降。尽管增加的盈利能够使企业去投资其他的活动，但加强忠诚感并不是一个简单的降低价格或增加产品特色的事情，它与企业管理的大系统密切相关。比如，企业支付员工更高的报酬，会激励员工的士气，他们的生产效率会提高，员工对工作的满足感也会提高，从而导致他们能为消费者提供更好的服务，消费者自然就会对企业更忠诚。

为顾客创造价值有利于培养忠诚观念，反过来客户忠诚又为企业带来更多的利益。一些经营卓越的公司与其竞争者的不同之处就在于，它们在顾客和雇员忠诚方面具有巨大的优势。柯达公司的经营宗旨就是带给雇员、消费者、投资者（股东）满意感。因为一家公司最宝贵的资产在于那些有丰富经验的顾客、雇员和投资者，他们的知识和经验总和构成了公司的全部知识财富的一部分，如果这些财富不断从公司的资产负债表上消失，必然会大大削弱公司的盈利能力。

把顾客当做资产来管理，就必须把顾客当做资产一样加以重视，这就意味着必须预测顾客价值生命周期对企业资金流的影响，不同行业、不同企业的顾客维持率对资金流的影响可能各有差异，但若每年能维持5% ~10%的顾客增长，则利润增长在几年之后会翻番。

争取客户的成本往往体现为广告、推销者以及营销人员的管理费用，其成本大都相对固定，每增加一个新顾客的边际成本很小，而对顾客投资的好处除了客户的重复购买、口碑相传之外，还通常直接反映在长期顾客和雇员之间的相互沟通和相互学习上。重复购买的顾客往往对自己得到的价值称心如意，而他们的满意又是公司员工感到自豪、努力工作的动力之一。有时，顾客的忠诚更多地表现在与雇员的关系上。企业的每一个员工都是品牌的代表，尤其直接面对客户的员工。WAL－MART 的核心竞争能力之一就是成功的人力资源战略，而它激励员工的手段之一就是对直接面对顾客的员工奖以股票期权。

3. 并购战略中的品牌维护

企业在追求总成本最低时，常常需要共享企业的无形资产，如品牌和专利。在进行早期商标设计、培育品牌的无形资产投资过程中，其投入成本往往是一次性的，而一旦品牌信誉形成，这项资产就可自由地延伸到其他的产品或业务上，这就是我们通常所说的存在路径依赖的以品牌延伸或技术扩散为特征的多元化经营。这种共享无形资产的情况能给企业带来可观的经济效益。不管是纵向整合还是横向合并，企业都能共享某些资产实现扩张。也就是说，拥有品牌优势的企业更容易通过并购等方式实现扩张增长。许多世界著名的跨国公司正是凭借其强大的品牌张力吸引了国外的消费者，成功地进入国外市场。它们通过直接投资、合作生产或经营、收购当地国的企业以及其他特许经营等方式获取巨大的品牌收益。

品牌优势也是企业实现并购和多元化扩张的重要条件。在产品多元化过程中，广告投入成本大大降低，而且无形资产迅速增加，品牌延伸的同时实现了低成本的资本扩张。然而也不能忽视这样一个现实，在近些年来的并购浪潮中，国内的很多名牌在与外商合资的过程中不是“安乐死”就是被吞并，几代人努力创造的品牌轻易地放弃了，在很多行业或产品市场，几乎是外资一统天下，比如洗涤产品市场已被“四大家族”分割：英国的“联合利华”，德国的“汉高”，日本的“花王”，美国的“宝洁”。

企业兼并的方式通常有两种情况，一种是品牌移植，全方位扩张，如康佳集团兼并其他电视机厂，在输入技术、管理的同时，也输入康佳的品牌；另一种品牌渗透，是局部扩张，即输入一定的管理与资金，原有品牌不变。青岛啤酒选择的是后者。但青岛啤酒在近几年大规模的并购扩张过程中，对品牌的保护是否很有效令人担忧，起码我们很难从其广告营销活动中看出对其品牌的定位宣传。由于啤酒产品与其他产品相比具有特殊性，一种啤酒之所以好，除了工艺之外，水质、麦芽是很重要的因素。这就是为什么啤酒市场地域消费特征明显的原因。不同地方的水质是不同的，青岛本地的“青岛”啤酒决不同于北京产的“青岛”啤酒，水不同了，同一个牌子的啤酒还算是同一种产品吗？此青岛啤酒亦非彼青岛啤酒，只因为五星啤酒打上了青岛啤酒出品字样，北京人就会去买吗？当众多的非“青岛”啤酒打上“青岛啤酒出品”字样时，人们还能从“青岛”品牌中体会到几代人创造出来的、拥有“高雅”、“华贵”的绅士文化的产品内涵吗？

4. 特许经营中的品牌管理

特许经营的基础或前提是特许方有品牌优势或规模经营优势，使其竞争者难以通过一般的资本投入和营销努力进入它的经营领域。因此，新进入者往往通过特许经营方式加盟到品牌者的行列而避免直接的竞争。品牌特许经营一般分为产品品牌特许和经营模式特许两种形式。品牌特许（商标许可）的核心授权内容是产品和品牌。像中国石化、可口可乐、柯达的生产许可。经营模式许可大多是服务许可，像沃尔玛、麦当劳、肯德基、华联超市等企业，授予许可权方的最终目的是收取特许权使用费和产生规模效益。

品牌特许对经营者的好处是实实在在的，比如华联超市要求加盟者的基本投资额为 70 万元～80 万元，同仁堂药店是 50 万元，而对于生产性的生产品牌特许，其加盟的基本投资额在几百万元以上。如果将品牌（商标权）作价参股投资，则可长期获取资本收益。

品牌给经营者带来的利益还可以通过产品的销售代理环节体现出来。从营销的分销环节来讲，对一个不知名的产品，生产者往往要主动寻找、激励中间商去推动产品的销售，而对于一个知名的产品，中间商则往往会主动去要求做产品的销售代理，而不需要厂商从资金上提供支持。像海尔集团，由于近几年产品成功地进入欧洲市场，且依赖其良好的产品质量和服务质量获得了很好的竞争优势，欧洲的一些代理商主动要求做其代理，并且提前把款项打到海尔公司的账上。过去只有国内代理商争做国外品牌的代理，今天也终于看到了国内品牌在国际市场上的竞争优势。

6.4 知名品牌建设中的政府角色定位

知名品牌建设是一项艰巨的任务，既需要企业微观的努力，也要政府在宏观上创造条件。在知名品牌建设过程中，企业是主体，政府是环境。因此，对政府来说，要把维护知名品牌建设的宏观环境作为首要任务，要“科学有为”。

6.4.1 发挥宏观调控作用，加强政府政策引导

在知名品牌建设中，政府要积极发挥宏观调控作用。知名品牌建设，必然涉及产品、产业结构和企业组织结构的调整这些工作，在现行体制下单靠企业自身难以完成，因此必须充分发挥政府的宏观调控职能，围绕创知名名牌、增强名牌企业经济实力和市场竞争能力，提高整个经济运行质量，运用经济的、行政的、法律的手段，合理调整经济布局及产业、产品和企业组织结构。要发挥财政、税收、金融和科技政策的导向作用，使企业成为知名品牌建设的主体。

在制定地方经济发展战略规划时应该具有明确的品牌导向，把支持重点品牌的建设与优化产业资源，促进产业升级、创造产业竞争优势结合起来。

加强品牌保护，可通过法律手段和行政手段等，保证名牌的生产和销售活动正常进行，有效地预防、严肃查处各种侵害名牌产品的行为。

6.4.2　政府资源向名牌倾斜，优化知名品牌产业结构

引导财政金融资源、物质资源、人才资源向创知名品牌的企业倾斜，鼓励引导支柱产业的企业采用联合、并购的方式，打造一批拥有国际知名品牌的大企业集团。政府应积极采取各种扶持和鼓励措施，把传统品牌培植成名牌。对重点企业和重点名牌产品，要以资本为纽带，以名牌为核心，以市场为导向，组建大型企业集团，在税收、资金、技改、人才、外贸、宣传等方面给予倾斜和照顾，把各种资源优势集中配置到优势品牌和优势产业上去，以提高优势企业、优势产品、优势品牌的生产集中度。同时，也要对发展潜力大、发展优势明显、发展前景广阔的小品牌加以积极引导，为其快速成长提供有力服务。

在财政政策方面，利用各种专项资金或基金支持名牌企业和名牌产品，促使其扩大规模，引进技术，提高企业实力和科技含量。

在信贷政策方面，通过银行信贷支持名牌企业进行技术改造和扩大名牌产品生产规模。通过信贷支持优势名牌企业是我国信贷政策的一个基本方向。许多地区都制定了明确的政策，在信贷上对与名牌战略相关的重点项目、重点产品予以优先，重点扶持，从而提高整个经济运行的质量和效益。

在进出口政策方面，政府主要通过税收返还、出口奖励等政策鼓励企业出口。对在海外市场推出、创建自有品牌的企业，一方面将得到财政、金融、贸易、技改及研发等优惠政策扶持，另一方面为关键设备的引进提供资金和手续上的便利，同时还能获得通关便利和完善的知识产权保护。

在政府采购方面，政府应明文规定，对经确认的名牌产品，政府采购部门应纳入政府采购重点产品目录，在同等条件下，政府采购优先选用本地名牌产品。

在做好区域品牌营销方面，一是政府—媒体—企业三方连动，政府加强同媒体和企业的联系，宣传本地名牌，树立名牌意识，从而为名牌兴起奠定牢固的社会心理基础；二是政府在名牌产品的市场开拓和营销体系的建立上，对企业提供支持。

总之，在知名品牌建设过程中，政府的作用一是营造品牌发展的良好市场环境，二是从资源倾斜方面激励品牌意识和企业创名牌的动力。一个总体的思路是：整合优势资源，重点优先发展有竞争优势的产业或企业，培育企业集团、产业集群向品牌集中，通过强化质量、技术创新含量、市场占有率、成本和规模效率因素，增加品牌的价值含量，提高竞争优势与品牌张力的结合度，最终实现由产能导向战略向自主品牌导向战略的转变。

第7章　企业国际化过程中的知识产权战略

进入21世纪，随着知识经济的迅猛发展，经济全球化进程的不断加快，知识创新、技术创新成为世界经济发展的主旋律，世界各国之间的竞争焦点正在转向对知识产权的争夺和控制。在WTO规制下，贸易壁垒和行政壁垒受到抑制，以知识产权为重要内容的技术壁垒正日益成为企业之间进行市场竞争的重要武器。① 因此，企业从战略的高度来认识和处理知识产权问题，强化自主知识产权的创造与管理，有效地实施知识产权战略管理以开拓市场、占领市场并取得市场竞争优势，就成为时代的必然要求。

7.1　中国企业在国际化过程中面临的知识产权挑战

我国知识产权制度起步较晚，相应地，立足于知识产权制度的企业知识产权战略的研究与实施也较晚。近年来，我国企业由于缺乏自主知识产权，遭遇到了严重的国际竞争挑战。具体而言，中国企业国际化经营中遭遇的知识产权问题主要体现在以下几个方面。

7.1.1　中国企业国际化进程中遭遇知识产权贸易壁垒

知识产权贸易壁垒指的是一国在保护知识产权名义下，采取与贸易有关的知识产权保护立法、行政、司法等方面的措施。当知识

① 冯晓青：《企业知识产权战略》（第3版），知识产权出版社2008年版。

产权的排他性应用到跨国生产经营当中时，一国的知识产权保护政策就与进出口贸易联系起来，成为各国重要的贸易政策之一。知识产权法的核心思想是保护权利人所享有的基于创造所产生的财产权，但是，当知识产权固有的垄断性超出了合理的范畴，扭曲了正常的国际贸易时，就成为了知识产权贸易壁垒。①

由于中国产品在价格上的优势，在中国加入 WTO 之前，发达国家对中国出口产品进行限制主要是靠提高进口关税的方式进行。加入 WTO 以后，关税壁垒和行政壁垒的减少，使知识产权壁垒作为企业占领市场和保护市场的作用与功能日益突出，日益成为非关税壁垒的主导形式之一。据商务部统计，加入 WTO 以来，我国有 2/3 的出口企业遭遇国外技术性壁垒，有 2/5 的出口产品受到不同程度的影响，每年我国因技术壁垒而遭受的贸易损失达到 200 亿美元左右。②

不少发达国家利用发展中国家在科学技术和知识产权法律体系完备程度远低于发达国家的现状，滥用知识产权措施，进行不公平贸易，限制进口发展中国家的产品，并进行技术垄断，控制了世界上绝大多数高科技的专利权。面对中国的巨大市场，跨国公司纷纷在中国设立知识产权部，对其在华知识产权活动进行系统管理。它们凭借在高新技术领域的知识产权优势，以知识产权壁垒严密地保护自己的利益。近年来，我国受理的国外专利申请越来越多，特别是在一些可能成为经济增长点的高新技术领域，大多数专利被外国专利所覆盖，在一些高科技领域外国在华专利申请占主导地位，对我国的科技创新和高新技术的产业化产生了严重影响。

知识产权壁垒的表现形式主要有如下两种：

1. 限制进口

在知识产权体制下，限制进口的商品主要分为两大类：

① 龙禹、祝靖：《国际贸易中的知识产权壁垒与中国企业应对策略》，《价格月刊》，2008 年第 8 期。

② 《技术壁垒影响我国出口》，http://www.dadao.net/php/dadao/temp_money.php? ArticleID =37896.

- 一类是侵犯专利权或假冒注册商标的商品；
- 一类是平行进口的商品。

禁止侵权产品的进口无可非议，但作为知识产权壁垒主要涉及平行进口。所谓平行进口，又称灰色市场进口，是指一项知识产权在两个国家同时受到法律保护时，一国进口商未经知识产权持有人授权，从另一国知识产权所有人手中进口并销售该国知识产权法律保护的商品。无论是专利、版权还是商标权，都属于平行进口。根据权利用竭原则，平行进口应当被允许，因为它将使消费者拥有更大的、更廉价的消费选择，也可以很好地防止市场的垄断与割据。然而，目前许多国家都在保护知识产权的名义下，采用不同的方法阻止商品的平行进口。最常见的做法就是，许多跨国公司在全世界申请了大量的专利，但这些专利几乎都没有被许可实施，其目的是阻止当地企业生产相同或相似的专利产品，或是限制任何第三国或企业进口相同或相似的专利产品。

2. 进行技术垄断

目前跨国公司掌握了世界 80% 以上的新技术和新工艺的专利权，控制着 80% 左右的尖端技术，大量的专利掌握在跨国公司手中，而且跨国公司还在继续利用其技术优势，在成员国中不断申请专利，进行“技术圈地”运动。广大发展中国家必须经过授权才能使用这些专利，否则就构成侵权。然而，发达国家所开出的专利实施许可费用一般都相当高昂，这对经济上处于劣势的发展中国家显然是极为不利的。另外，发达国家还通过国内立法的形式，对技术出口进行限制，禁止将一些高新技术出口到发展中国家，这也成为一种贸易壁垒。

7.1.2　中国企业国际化进程中知名商标在国外遭抢注

在国际化与全球化浪潮的不断发展中，要在世界市场占有一席之地，就必须有属于自己的品牌和商标，它是企业形象和信誉的象征。国内不少企业在不断发展壮大之后，雄心勃勃要开拓海外市场，建立国际品牌。在走出去的过程中，企业遭受到许多无奈和尴尬，最重要的表现就是商标被抢注，而一个商标在国外被抢注，就很可能意味着该品牌会失去被抢注国的市场。

按照国际惯例，商标保护具有地域性。目前世界上大多数国家和地区都采取注册在先原则，即谁先在该国和该地区注册商标，谁就拥有商标的专用权。根据商标保护地域性的规定，商标一旦抢注成功，被抢注商标的企业就不得在该国或该区域内使用此商标，若违反则构成侵权。因此，不论被抢注商标的企业放弃原商标另创品牌，或是高价回购，或是通过法律途径撤销被抢注的商标，都将增加企业的经营成本，延缓其产品占据市场的时间，降低市场份额。

而中国企业在商标策略上往往趋于保守，采取的是“产品跟进策略”，即产品卖到哪里，市场开拓到哪里，商标才开始在那个国家或者地区注册，这就给人可乘之机。品牌只有注册后才能受法律保护并享有商标专用权，否则，国内认同的知名品牌走出国门可能一无是处。更有甚者，某些国外企业善于利用我国企业这一弱点进行抢注。近年来，国内有15%的知名商标在国外被抢注，每年国内企业的商标在国外被抢注案件超过100起，涉及化妆品、饮料、家电、服装和文化等多个行业，造成约10亿元人民币的无形资产流失。最具代表性的是，2000年青岛海信集团的商标“Hisense”被西门子公司在德国以“Hi Sense”注册，两家由此展开了长达6年的商标纠纷，最终海信集团于2006年以50万欧元的价格将商标购回。此外，“格力”商标在巴西，“大宝”在美国、英国、荷兰、比利时，“五粮液”在加拿大、青岛啤酒在美国等，都遭到不法商人的抢注，不仅影响了声誉，也给企业走出国门增添了障碍。①

7.1.3 中国企业在国际市场上遭遇跨国知识产权诉讼

近年来，中国企业在国际市场面临的跨国知识产权诉讼不断增加。根据有关部门的调查报告显示，截至2006年底，我国企业因涉及知识产权纠纷引发的经济赔偿累计超过10亿美元，波及企业

---

① 王科:《国外抢注中国知名商标》, http://www.gmw.cn/01wzb/2008-04/20/content_763998.htm

数以千计，涉及行业范围更是多达 20 多个。对此，知识产权局有关人士表示，我国已经进入了涉外知识产权纠纷大规模爆发期。① 以中国对全球最大消费市场美国的出口贸易为例，自 2000 年起，在美国国际贸易委员会有关外国产品是否存在知识产权侵权行为的“337 调查”中，中国连续 7 年成为第一涉案大国，而近期美国针对全球的“337 调查”，近 40% 涉及中国企业。

所谓“337 调查”，是美国国际贸易委员会根据 1930 年通过的《关税法》第 337 条对外国产品是否存在知识产权侵权行为进行的调查。根据美国相关法规，在美国国内企业提请美国国际贸易委员会对相关进口产品发起“337 调查”后，该委员会可以发出“普遍排除令”，即只有经该委员会调查确认不存在专利侵权行为的外国产品才可以进入美国市场，而其他所有企业都将被挡在市场之外。

随着中国经济日益融入世界，中国出口企业越来越多地加入到全世界范围内的生产、出口和销售链条，其在国际市场面临的知识产权壁垒也越来越多。一些欧美企业以知识产权侵权为由对中国出口企业提出诉讼，一方面固然是抓住了部分中国企业自身存在的一些漏洞，另一方面它们也是将诉讼当做一种手段，用以吓阻和排除中国出口企业对其市场地位产生的竞争威胁。

7.1.4　中外合资企业中存在的知识产权保护问题

合资合作企业已成为外国企业在中国的主要投资方式，但在许多合资合作协议中，合同和章程很少有关于企业知识产权内容的约定，给日后的经营活动带来许多隐患，具体表现在以下方面：

1. 技术引进时未能做合理的知识产权评估

在合资合作企业成立时，外方经常以技术入股或技术转让给中方作为投资方式，对其中的知识产权并不作具体评估。有些外方企业开列的专利清单经后来检索发现只有 1/3 是在中国申请并仍然有效的，但因为当时没有发觉而支付了一大笔“学费”。也有的外方

① 《“中国进入高成本时代”系列分析之六——我国进入涉外知识产权纠纷高发期》，《领导决策信息》，2009 年 1 月第 2 期。

连专利清单也不列，只是告诉中方这项技术里有专利，有技术秘密，要收多少钱，中方因为手里没有多少谈判的筹码，或是因为知识产权的意识不强，糊里糊涂就签了协议。

2. 外方只许可转让低层次的专利技术，不转让核心技术

外方为了避免投入过多产生风险，往往抛弃那种以股权控股的做法，转而采取在知识产权方面加以控制。由于合资合作企业中通常采用的是外方投入或许可使用的技术，其知识产权控制方式可能以小投入达到强力控制的目的。如外方在许可中方使用其专利技术时，往往只给中方低层次的技术，而涉及核心技术的，外方就要求中方购买具体的设备或配件，这样一来，中方既得不到核心的技术，又在生产上依赖外方的设备或配件。

3. 中方原有商标在合资合作后被淡化

有些中国企业以商标作价入股创办合资企业，为了不违背公司法关于工业产权出资额只可低于注册资本额20%的限制或急于合资成功，就将中方商标低估作价或拱手相让，在合资过程中任由外方控制商标的使用权，外方仅在低档、老式产品上使用、甚至不用中方商标，而大力宣传外方商标，结果是中方商标逐渐被淡忘而退出市场，外方利用商标战略培育了自己的品牌。此外，企业将商标许可出去后，不注意监督被许可方的产品质量或被许可方对我方商标的使用情况，使我方商标名誉受损或我方得不到本应得到的报酬。

4. 传统产业在引资过程中的技术失密事件

如“景泰蓝”技术以及“宣纸”技术，由于既没有对传统技术在国内申请专利保护，又没有在产品的主要出口国申请专利，同时在引资过程中没有做好商业秘密的保护措施，疏于防范而被外方掌握了关键技术，结果是外方抛开了中方而使中方丧失了优势的市场竞争地位。

7.2 中国企业国际知识产权纠纷应对策略

自从加入WTO以来，中国企业遭遇国际知识产权纠纷频发，

从 DVD、彩电、摩托车，到数码相机、MP3 芯片、汽车和电信设备等 20 多个行业，我国企业因涉外知识产权纠纷引发的经济赔偿累计超过 10 亿美元，波及的企业数以千计，一些企业已为此付出了沉重代价。这些受到冲击的企业，都是中国相关行业中的骨干。2001 年至 2007 年，全国地方法院共审结涉外知识产权民事一审案件1 634件，年均增长 57.96%，增幅高于整体知识产权案件 1 倍多。其中，2007 年共审结 668 件，比上年增长 89.24%。

近年来，我国的涉外知识产权案件大幅度增加 ，呈现出以下几个特点：

一是数量越来越多。

二是规模越来越大，国外的企业或组织索要的专利费用和赔偿额越来越高，动辄数以亿计。

三是范围越来越广，从打火机、拉链和书写笔等传统产业扩展到生物制药、数码芯片等高科技产业，纠纷涉及的产业和部门越来越多。

四是知识产权纠纷发生频率越来越高。

五是方式越来越多样。

六是外国企业往往结成产业同盟对我国整个行业或主导企业提起专利诉讼，对我国相关产业发展造成的影响越来越大，甚至对某些产业的经济安全构成了威胁。

鉴于以上原因，我国政府和企业应充分认识到知识产权在市场竞争中的重要意义，实施综合性的知识产权管理战略，并积极应对国际知识产权纠纷，以适应经济全球化的运行规则，使我国企业在与国外公司的竞争中能扭转被动地位，创造比较优势。①

7.2.1　被侵权时我国企业维权的策略

虽然知识产权纠纷和解的确是一种互利共赢的有效方式，但是知识产权纠纷所引发的诉讼仍屡屡发生。事实上，知识产权纠纷双

① 朱玉荣：《跨国公司的知识产权战略及我国的应对策略》，《世界贸易组织动态与研究》，2009 年第 2 期。

方和解仅是一种可能性，诉讼时有发生。因此，企业还是应当做好诉讼的充分准备。作为被侵权企业，需要做到：

1. 进行调查研究，了解自身被侵权的状况

应当充分利用相关文献，做到胸中有数。文献等相关调查研究应当查明如下几方面情况：知识产权状况，知识产权权利人情况，比较分析等内容。通过对上述事实和状况的调查，确认自己是否被侵权，然后分析对比侵权情况，对侵权进行初步的判断。

2. 做好证据的收集和事实的核查

作为诉讼，最为重要和核心的就是证据，只有证据才能为自己的权利提出有力和有效的抗辩，进而保护自己。一切的事实都依靠证据来证明。因此，及时、全面地收集有关证据是必要的和必需的。证据的最重要分类就是书证、物证和人证。做好这几方面准备，就能积极应对即将到来的诉讼。

3. 重估知识产权价值

对于侵权行为的调查判断可能最终导致诉讼的发生，但是侵权诉讼的胜与负，在很大程度上要看知识产权权利人手中的权利是否无懈可击。其中最重要也是最有效的方式就是重估知识产权权利人手中的权利，通过评估判断知识产权权利的强弱、大小和瑕疵。这一点对于侵权诉讼非常重要。如果专利权存在瑕疵，其所进行的侵权诉讼可能会反而使起诉方处于不利的地位。

4. 发出侵权警告

在诉讼前，权利人应当向侵权方发出侵权警告，虽然法律上并没有对此作出规定，但是在实践中已经成为一种惯例。作为起诉方，首先就是做好警告前的调查研究工作，只有在对侵权的认定有绝对把握的前提下才能够开展。具体侵权警告应当声明权利内容、侵权诉讼请求内容以及答复和不答复内容等情况。

5. 选择合适的诉讼时机

所谓天时、地利、人和，因此，对被侵权人起诉一定要慎重，注重时机的把握。切不可急于诉讼和怠于诉讼，进而导致自己处于不利的时机，断送自己取胜的机会。

7.2.2 被诉侵权时我国企业维权的策略

权利人提起诉讼，一般都是已经做好了充分的准备。在这种情况下，作为被诉侵权的被告人，应当立即采取行动，利用法律赋予的抗辩权利，积极应战，占据有利地位，抢占先机。具体可以采用如下的对抗方式：

1. 挑战原告主体资格

一般来说，各国有关诉讼的法律法规及相关程序都对诉讼当事人资格有一定要求，亦即当事人适格的问题。例如我国民事诉讼法明确规定，原告应当与诉讼标的具有法律上的利害关系，一旦丧失这种利害关系，起诉方就不具有起诉的原告资格，法院就应当裁定驳回起诉。因此，在面对侵权指控时，作为被控方，被告首先应当对原告主体资格进行研究，寻找可能的机会。一有可能，被诉侵权人就可以利用此种抗辩对抗原告，从而在诉讼程序启动之初打乱其诉讼计划。

2. 挑战起诉方诉争权利

知识产权尤其是专利权，具有很大的不确定性。遇到被控侵权时，被诉方应该对起诉方涉案知识产权进行以下研究：

（1）涉案知识产权是否存在。提出这个问题，可能有人会觉得可笑，但现实中确有外国企业以无中生有的专利进行敲诈，而中国企业不战而降的现象存在。

（2）涉案知识产权是否已过有效期。知识产权只有在一定时间范围内有效。

（3）涉案知识产权是否可被推翻。按照法律规定，授予专利权的技术必须满足“新颖性、创造性、实用性”的要求，商标和著作权也都必须满足一定条件。因此，在应诉时，被诉方完全应该结合这些要求，并通过相应的知识产权文献检索及情报搜集工作，对涉案知识产权进行对比分析和深入研究，在符合条件时打掉涉案知识产权。

3. 灵活利用各种抗辩事由

一方面，被诉侵权人可以通过法定免责事由来进行相应的抗辩。各国知识产权法和相应的诉讼法律对诉讼时效都有明确的规定。另一方面，如果找不到合适的法定抗辩事由，被诉侵权方还可以积极寻求其他抗辩形式来保护自己。例如，看是否存在如“未落入涉诉知识产权保护范围”抗辩、“许可合同”抗辩、“不侵权或不视为侵权”抗辩等抗辩形式。

4. 视情况进行反诉

在具备反诉可能性的情况下，被诉侵权人应当积极利用反诉的权利，争取诉讼中的主动。总之，被诉侵权人采用“反诉”方式进行诉讼，一般是基于“知识产权权利无效”予以反驳对方的诉讼请求。在此，应当注意证据要充分，同时不应当滥用“反诉”程序，应慎重使用知识产权权利无效程序。

7.2.3 我国企业提高知识产权国际诉讼能力应做的工作

如何提高我国企业知识产权国际诉讼能力，是摆在中国企业面前的重大课题，同时也为政府及其他社会各界所高度关注。随着中国企业国际化进程的加快，中国企业卷入国际知识产权纠纷是不可避免的。因此，中国企业必须提高自己的知识产权诉讼能力。中国企业应该做好以下工作：

1. 避免侵权

企业在对产品目标基本制定后，要搞清市场的竞争对手或潜在的竞争对手是谁；要搞清与自己出口产品相关的行业有哪些，特别是应当做一个专利检索，确定是否有可能涉及该产品的外国专利，或涉及该产品的制造方法的方法专利。同时，要查明产品利用了什么先进技术，其中哪些还处于专利保护中，哪些已经可以公开使用了。如果存在侵权的可能性，则可以通过更换非专利方法来避开侵权，也可以交叉许可，也可以辩称自己没有侵犯对方的专利，这是因为举证责任在原告，原告必须克服一系列障碍才能立案。

2. 避免掉入专利陷阱

无论开发还是仿制，切忌掉入专利陷阱。那么，什么是“专利陷阱”呢？我们知道，专利权自申请日起至该申请公布前，这时申请处于保密阶段。这一阶段对其权利的保护表现在对该发明专利申请后同样主题的申请因与其相抵触而将丧失新颖性，不能授予专利权。自该申请公布至其授予专利权前这一阶段是“临时保护”阶段。在这期间，专利申请人虽然不能对未经其允许实施其发明的人提起诉讼，予以禁止，但可以要求其支付适当的使用费。如果对方拒绝付费，申请人可以在获得专利权之后行使提起诉讼的权利。这一阶段申请人只有有限的独占权。许多企业为防止同行介入这个领域，就通过申请专利“跑马圈地”。因此，我们要避免掉入陷阱，如果自己走到前列，不妨“以其人之道还治其人之身”。当然，专利产品经由第三方重新设计，即使它可以实现等同功效，但只要实现的方式有所不同，就不会被视为侵权。

3. 利用进口商规避风险

从具体操作时，出口企业应对出口国的知识产权进行调查，避免侵权。应注意进口商是否拥有该产品的商标、专利、著作权等权利的证明文件。若无，则应考虑法律风险，应在合同中订立任何有关侵犯知识产权的情况都应由该外商负责并赔偿己方损失的条款或订立仲裁条款。

4. 实施出口多元战略以分散风险

实施多元化战略，改善出口结构，努力提高产品科技含量和附加值，变“以价取胜”为“以质取胜”，提高出口效益，同时加强企业间的合作。在继续加强对欧美、俄罗斯等重点市场以及日本、香港、东盟等周边国家和地区市场的开拓的同时，切实加大对澳大利亚、南亚、巴西以及中东、非洲等新兴市场的开拓力度，有步骤、有目的地开发市场，改变原有市场过于集中的战略，以减少对单一市场的过度依赖，避免风险。同时，要注意扩大内需，实行“两条腿走路”的战略。

5. 建立预警机制

建立预警机制是非常必要的，力求在短时间内作出应对方案。一般来说，跨国公司一般会在前期进行大量的调研活动，在广播、报纸上进行，试探对方的反应，而后采取谈判、发律师函等方式，最后才是诉讼。企业面临专利诉讼问题，有两个原因：一是我们的发展已经影响到了竞争对手的生存空间；二是我们已经侵犯了别人的知识产权。这是先兆问题。

6. 寻求和解

和解也是企业选择解决问题的一条路径。想要在专利诉讼中最终促成双方的和解，就应该与对方开展谈判时，应当先搞清对方的目的：如果对方的目的在于争夺市场，通过专利限制对方的生产规模，企业可以采用专利合作的方式，包括技术的交叉许可和专利互换的方式达成和解；如果对方是为了使用费，就应该把握好谈判的时机。权利人既保护了专利权，又可以收取可观的使用费，从而达到双赢的效果。使用人通过支付使用费不仅免去了“侵权”的恶名，为企业挽回了名誉，又可以继续使用权利人的专利获取自己的利益。但是达成和解是有条件的：一是适当的让步或者优惠条件，如生产工艺调整、优惠的合作条件、支付专利使用费等；二是原告案件胜利的成功率；三是被告是否有和解的砝码（如作为交叉许可的专利、证明原告专利无效的证据等）。

7. 立即应诉

千万不要不理睬，也不要指望同样被列为侵权人的其他公司来出面答辩，应当立即联络熟悉此项业务的律师，主动面对挑战，因为“337 调查”程序为被告提供了适当的法律程序来保护其利益。只要被告应诉，原告必须克服一系列障碍才能胜诉。那么，如何应诉呢？

第一，查明原告是否有专利权、专利权是否依然有效、在执行中是否违反相关规定。

第二，查明涉案专利在美国国内是否有产业，如厂房和设备的显著投资，劳动力和资本的显著利用，实施专利的实质性投资，包括工程设计、研发、技术许可等。

第三，在对方存在有效专利并存在相关产业的情况下，证明自己没有侵犯对方专利。

8. 寻求行业协会和政府的支持

政府可以通过专利情报分析、专利诉讼谈判研究、专利政策法规研究等，为企业创造运用产业专利的优势环境，建立产业专利预警制度与产业专利情报服务网，提升企业产业专利谈判诉讼与侵权防范分析能力。行业协会可以帮助应诉企业建立合理的费用分摊机制，积极组织协调被调查企业应诉和反诉，在后方为企业提供人力、物力和信息上的支持等。①

7.3　我国战略产业的知识产权国际保护

21 世纪的国际竞争，是大国战略产业的竞争。战略产业以其巨大的规模、投入、空间与利益，成为综合国力和国家战略能力的主要体现。发展战略产业可创造长期动态比较利益，拉动无数产业链条。中国的战略产业处于发展的初级阶段，加强我国战略产业的知识产权保护是必须的，它有助于我国综合国力的提升，也将有助于我国企业的国际竞争力的提升。

7.3.1　战略产业的界定及其作用

依照国际通用惯例，战略产业就是领导国民经济发展，具有战略意义的产业群体，它们在国民经济中起带动作用、调节作用和转型作用（见参考文献 [9]）。战略产业的基本内涵包括：

- 主导产业（重点产业，支柱产业）；
- 先导产业（带头产业）；
- 基础产业；
- 瓶颈产业；
- 创汇产业。

一般认为，21 世纪高新技术产业必将成为支柱型产业，我国需要对微电子、计算机、电子信息等已经实现产业化的高新技术产业扩大其规模，尽快形成规模经济；对生物工程、新型材料、光纤通信、激光技术等高新技术，要加快其产业化步伐，作为 21 世纪的战略性产业加以培植。而美国的战略性产业则是以国防产业为核心，包括核、航空、航天、船舶、电子、常规武器、战略物资储备

① 周兴芳：《企业专利侵权之应对策略——从 SigmaTel 与珠海矩力专利纠纷案分析美国 337 条款》，中国青年作家网，2008 年 6 月。

等行业。

战略产业对一个国家或地区的主要作用有下面三点：

1. 带动作用

战略产业对整个工业和国民经济的发展，具有带动作用。这种带动作用主要表现在对与战略产业部门有直接供求关系的供方和需方的带动作用，以及对与战略产业部门有间接联系的城市建设和文教卫生等部门的带动作用。

2. 调节作用

经济发展的整个过程中，经常会出现不平衡。例如，出现“瓶颈”环节、外汇收支不平衡、基础产业发展滞后等。通常采用各种手段和途径调节，使不平衡转为相对平衡。在各种手段当中，战略产业部门起着重要作用。要想使社会的总需求和总供给保持基本平衡，就必须在提高供给和控制需求这两方面下工夫；要想提高供给能力，就必须在生产上下工夫，只有先生产出来才能分配；而要发展生产就必须首先发展战略产业。

3. 转型作用

产业部门结构和整个产业结构的性质主要是由战略产业部门的性质所决定的。要改变产业部门结构和整个国民经济产业结构的性质，首先要改变战略产业的性质。反过来说，只要是我们改变了战略产业部门，整个产业结构的性质也就会发生变化。

7.3.2 我国战略产业知识产权国际保护的措施

在我国市场对外开放的过程中，跨国公司根据自己的发展计划及中国市场的特点，在我国大规模申请专利，抢占新兴产业制高点，挤压了我国自主创新的空间，增加了我国进行自主创新的难度。在很多行业，如医药、汽车、通信和家用电器等，中国企业已处于跨国公司专利的包围之中。针对这一状况，我国相关产业应该如何应对国际化过程中的知识产权问题？本书将结合我国传统中药行业和信息产业的不同特点对这一问题作具体分析。

1. 传统中药的知识产权保护对策

传统中药已经在世界上得到了迅速的发展，中药的疗效与价值得到了大多数国家和地区的认同，各国也采取了各种手段以各种形式对中药进行了保护，如一些国家承认中药的合法地位，把中药治疗纳入医疗保险体系等；一些国际条约对传统医药（包括传统中药）也进行保护，如《与贸易有关的知识产权协议》、《保护植物新品种国际公约》、《生物多样性公约》等。传统中药的世界发展前景看好。然而，我们也应该清醒地认识到，目前国际上对传统中药的保护还存在不足，如中药在某些国家不被承认为药品，而是保健品；目前世界上对传统中药的保护没有统一的国际标准；等等。我国作为中药“故乡”，在开拓中药国际市场、提高中药国际地位、加强中药国际保护特别是国际知识产权保护方面，负有义不容辞的责任。现阶段，结合我国中药知识产权的特点，加强传统中药的知识产权国际保护，应做好如下工作：

（1）中药专利保护方面。

首先，合理利用现有的中药知识产权保护制度，维护中药知识产权主体的合法权益。专利保护仍是我国现行知识产权制度中用以保护中药知识产权的重要方式之一。从国内保护来看，专利保护是确保企业自主知识产权不被侵犯，避免仿制，从而占有市场的保护伞；从国际保护来看，专利保护是确保我国中药企业开发核心产品，避免知识产权流失，开拓国际市场的有力保护武器。专利保护应该是中药保护的重点和中心，中药品种保护、商标保护和商业秘密保护等则可以在专利保护力所不及之处，提供辅助和补充手段，对中药进行行政保护和保密保护。对符合专利三性要求且适合公开的，如新发现药材、药用部位、药用成分等中药产品、方法和新用途的发明可以申请专利保护。对达不到专利三性要求，已上市且有相当市场的中药品种可以申请中药品种保护。对不适合披露的秘方、偏方或核心技术等，则采取商业秘密保护形式。与此同时，商标的保护可以贯彻始终，通过显著疗效和过硬质量，企业应提高商标保护意识，建立值得信赖的品质和广受欢迎的品牌，享誉全球；也可以根据需要保护客体特点，综合利用各种知识产权保护制度，采取一种产品应用多种保护制度的策略，以期达到有效保护的目的。

其次，开发中药领域的核心技术，同时提高专利技术的产业化水平。① 我们要加强中药科学研究，在继承传统、保护特色的基础上充分运用、吸收现代科学技术，不断提高中药行业的创新能力，提高中药专利申请的高科技含量。例如，加强对中药有效部位、有效单体的研究和开发；对中药的药理研究及临床功效进行深入的量化研究；对传统名优中成药品种进行二次开发，生产出科技含量高的优质中成药品种。另外，增强企业专利保护意识，让企业成为中药专利申请的主要力量，形成产业的主体，以提高技术的产业化率。为此，企业需要在开发前期做好周密的情报工作。例如，了解待开发药品在市场中的地位，包括市场空间、市场定位、产品寿命等；另一个需要了解的是，在同类药品的技术中他人所拥有的专利权的状况，别人做到了什么水平，我可以做的是改进专利还是基础性的专利，等等。

第三，加强中药国际化的专利研究。建议有关部门共同筹资，建立中药国际专利申请基金。中药国际专利申请基金行业主管部门应组织力量，收集、研究、掌握国际有关中药专利的信息和动态，集中力量对与我国建立贸易关系的国家的专利文献进行调查研究和分析，搞清这些国家专利体系的法律状态和技术状态，特别是研究其在中药、草药、天然药物领域的专利申请，指导我国中药产业进入国际市场应研究开发的主攻方向和重点项目领域，进而对具有良好国际市场前景的中医药高新技术和产品给予保障和扶持，为自己的专利技术和产品打入并占领国际市场创造条件，形成国外专利申请的制约因素。② 此外，我国已加入 PCT，申请人可以选定所申请的国家，直接通过中国专利局申请国际专利，以此来降低专利申请的费用。

（2）中药商标保护方面。针对我国中药商标注册数量少的现状，要求我国中药企业必须具有鲜明的商标保护意识，及早申请注

① 张艳艳：《我国中药知识产权保护的现状调查与对策研究》，中南大学博士论文，2008 年 5 月。

② 蒋坡：《科技法学研究》，法律出版社 2007 年版。

册登记。

另外，依据我国商标保护制度，地理标志可以作为“原产地证明商标”注册成为一种特殊的商标，这可以作为保护中药材最有力的手段和工具。我国有关部门应当运用《与贸易有关的知识产权协议》（TRIPS）的规则，研究和建立一套统一完整的保护“地理标志”的法律体系，并制定具体的实施办法，通过申请注册“原产地证明商标”来区别其来源和保障其质量，其中某些药材也可以像韩国的“高丽参”一样，成为国家专卖品。

（3）中药著作权保护方面。中药企业在注重专利、商标、中药品种保护措施的同时，要学会以著作权保护重要的传统思想和文化理念，树立重要文化在世界的地位，为中药文化和产品走向世界奠定思想基础，从而切实有效地保护我国中药知识产权。

具体表现在应用著作权保护中药科学理论和中药技术两大部分：对中医典籍文献中已公开的知识，按现行的著作权法已过保护期但有重要价值的可以用著作权保护的方式给予特定的集体以权力，由集体管理组织代为管理本国或本民族的传统医药；对民间医药继承人的法律地位，采集复制整理我国中草药方剂者的署名权，获得报酬权及其法律地位加以明确规定；人用药品的说明书、论文、专著等可以受著作权法保护；对于那些确有疗效、几味药组成相对稳定的临床处方可以考虑给予著作权保护。①

（4）在中药商业秘密保护方面。中药企业应该在管理的各个环节设置相应的保密措施，形成严密的制度。如在申请专利时，可将该发明的最佳实施方案或对产品质量有直接、关键影响的数据作为技术秘密保留下来，这样可以解决专利期限届满，技术进入公有领域的问题；在充分了解自身的技术秘密和其他商业秘密的基础上，通过契约形式，与接触企业商业秘密的员工及顾问人员签订保密协议，而且对于核心管理人员和技术骨干应签订“竞业禁止”协议；在进行技术转让或合作生产等活动中，要以合同形式明确约定保密事项，并明确规定违约披露信息的责任，这样即使发生泄密

① 布瀛洲：《中药产品包装的国际化》，《世界科学》，2002 年第 8 期。

情况，受害方可直接依照合同索赔。

2. 信息产业的知识产权战略

信息产业作为我国国民经济的基础产业、支柱产业和先导产业，在国民经济和社会发展中发挥着举足轻重的作用。信息产业不仅具有本行业特有的国家主权与安全保密性、公共事业性、资源有限性、全程全网性等特征，而且更在技术发展、技术创新和技术进步上日新月异。因此，信息产业一直是世界各国激烈竞争的重要领域，其中信息产业标准中的知识产权竞争尤为突出。在信息产业快速发展的过程中，标准与知识产权战略问题正逐渐成为制约信息产业发展的关键。①

根据我国信息产业的现状，结合国外的先进经验，本书对解决信息产业的标准化和知识产权问题提出以下具体措施和对策：

（1）加快建立以企业为主体、市场为导向、产学研结合的技术创新体系，为知识产权的开发奠定基础。在促进企业成为创新主体时，政府要整合各种资源，对通信技术知识产权进行宏观统一管理，创建有利于加强企业国际竞争力的制度环境意识，通过增强企业的创新意识，扩大企业的国际竞争力，通过减少政府的直接干预增强企业的国际竞争力，而且要加强知识产权政策法规体系建设；行业协会要了解行业的发展方向，为企业积极参与行业标准的制定提供建议；企业要自主创新，积极申请技术专利，获得知识产权保护，并争取在标准中加入自己的专利技术，形成具有自主知识产权的中国通信技术标准。

（2）全面提升企业整体技术研发水平，实现国际一流企业的突破，跻身于国际通信技术标准的第一阵营。制定和完善促进原始技术创新、引进技术消化吸收再创新的政策，大幅度提高我国拥有专利的质量和数量，并在取得研究成果后，及时申请专利，尤其注重跨国申请专利。认真研究运用和防范贸易技术壁垒，加大知识产权保护力度，坚决查处和制裁各种违法侵权行为。

① 毕春丽、潘峰：《信息产业标准与知识产权战略及其对策研究》，《中国软科学》，2006 年第 8 期。

(3) 加大技术研发力度，尤其是在有一定技术优势和竞争力的重点通信领域，力争让我国具有自主知识产权的通信标准及时成为国内和国际标准。根据技术发展趋势和市场急需，抓住网络技术更新换代的关键机遇期，以遵循国际标准和满足国内应用并举，满足急需和长远发展并举，基础研究和应用研究并重，考虑适应网络演进的标准研究，围绕信息通信技术、业务发展热点领域、关键技术，重点研究对标准的需求，提出对通信发展有重要影响的技术标准重点领域。同时，在技术创新和二次研发的基础上，在重点领域拥有一批具有自主知识产权的核心技术与标准，在解决“技术空心化”方面取得突破性进展。

(4) 灵活运用国际规则。一方面，我们要充分运用 WTO 成员的权利，灵活运用有关 TRIPS 协议的条款，根据国民待遇和最惠国待遇原则，联合广大发展中国家，遵循各成员方都有权依据本国国情发表不同修改建议的权利，争取对技术后发国家的特例及相关的技术援助。另一方面，我们要积极参加国际标准的制定，把我们的技术加入到标准中去，为自己将来的许可谈判增加砝码。

总之，在当前环境下，要解决我国企业在国际化过程中所遭遇的知识产权难题，就需要在高度认识行业知识产权特征的基础上，依靠科技进步，促进、支持创新和发明创造，把知识产权创造、保护和运用结合起来，制定综合性知识产权战略。

附案例：思科诉华为侵权案[①]

一、诉讼过程

2002 年 6 月，华为美国公司成立，正式进军美国市场。同月，美国亚特兰大举行电信设备展，华为全系列数据通信产品在美国市场首次正式亮相。华为展示的数据产品，其性能与思科产品相当，但价格却比对手低 20% 到 50%。展览结束后，思科迅速成立了名

① 此案例经多处资料整理而来。

为“打击华为”工作小组，开始为诉讼作准备。

2002年12月中旬，思科全球副总裁来到华为，正式提出了华为侵权思科知识产权的问题。思科提出的要求包括：承认侵权、赔偿、停止销售产品，等等。而华为提出的方案是主动停止在海外销售涉嫌有争议的路由器产品，但是拒绝承认在软件方面的侵权事实。华为的新闻发言人傅军告诉《中国企业家》：“最初，我们抱着息事宁人的态度。”近1个月的沟通后，双方未能达成协议，不欢而散。

2003年1月22日，思科向美国东部第五巡回法庭马歇尔分院提起诉讼，指控华为在多款路由器和交换机中盗用了其源代码，使得产品及其瑕疵都存在雷同；指控还包括路由器和交换机命令接口等软件侵犯了思科拥有的至少5项专利。

2003年6月7日，马歇尔法院发布初步禁制令。根据该禁制令，华为在全球范围内暂时停止使用、销售含有和思科有争议的EIGRP模块的路由器产品；华为暂时停止在美国销售和使用相应产品的用户手册和产品在线帮助文件；思科向法院交付500万美元保证金。

2003年7月7日，得克萨斯州东区美国地方法院马歇尔分院批准3COM提出的介入本案的动议。

2003年10月2日，双方达成初步和解协议，并发表声明，思科中止其针对华为公司的知识产权诉讼。

2004年7月28日，华为公司、思科公司、3COM公司向得克萨斯州东区美国地方法院马歇尔分院提交终止诉讼的申请，法院据此签发法令，终止思科公司对华为公司的诉讼，最终全部解决了该起知识产权争议，同时意味着思科今后不得再就此案提起诉讼或者就相同事由提起诉讼。

二、案件有关背景

（一）诉讼双方简介

思科系统公司（以下简称“思科”），全球领先的电信、互联网设备及应用解决方案供应商，成立于1984年，总部位于美国加利福尼亚州的圣何塞，在马赛诸州的Chelmsford和北卡罗来纳州研究三角园的分部负责思科公司部分重要的业务运作。作为世界上最大的网络设备提供商，目前互联网上近80%的信息流量经由思科系统公司的产品传递。在《财富》2006年度500强企业榜中，思科系统公司在美国企业中排名第83位。

华为技术有限公司（以下简称“华为”），成立于1988年，总部位于中国深圳市龙岗区坂田华为基地，从事通信、互联网设备的研究开发与销售，其产品覆盖移动通信、数据通信、光网络、固定通信业务与软件、终端等领域。2006年，华为实现销售收入656亿元人民币，其中65%来自国际市场。

（二）思科起诉华为的深层原因

首先，华为正在成为思科的全面竞争对手。从数据通信业务与软件、宽带，到光网络、交换接入、多媒体彩信设备，从WLAN设备、移动边际网等产品，到3G（第三代移动通信）、NGN（下一代网络）、OSS（运营支撑系统）等领域，华为都获得了长足的发展，大有成为“思科第二”之势。美国分析家认为，尽管华为目前并没有对思科的地位构成严重的威胁，但是最终必将影响到思科最核心的交换机和路由器业务的利润率，这些产品占据了思科的销售额和利润的80%。思科公司CEO钱伯斯公开表示，思科下一阶段面临的竞争，将来自中国最大的电信制造商华为科技公司，以及其他的一些亚洲同行。

其次，华为市场份额与日俱增。截至2002年10月，华为高端路由器已经广泛应用于运营商、金融、政府、教育、电力等数十个行业，已在德国、西班牙、巴西、俄罗斯、泰国、新加坡、韩国等40多个国家应用，综合市场占有率25%，成为全球高端路由器的主要供应商，而且正在将触角伸向美国。思科公司发布的2002年销售业绩显示，这家全球数据通信领域市场占有率达70%～80%的网络设备供应商首次出现了年度销售量下滑，由2001财年的223亿美元下降到2002财年的189亿美元，公司的股票价格从2001年12月的18.11美元下跌到2002年12月的13.1美元。

再次，华为低价产品给思科造成了压力。2002年6月美国亚特兰大举行的电信设备展，华为展示的数据产品，其性能与思科产品相当，但价格却比对手低20%～50%。在全球电信业极度萎缩和市场竞争更趋激烈的大环境下，华为的价格优势给思科造成很大的压力。

美国一位通信业观察家认为，思科此番大动干戈，一是因为华为的产品与思科产品的相似程度已令业者多称其为“思科的克隆”；二是因为思科已明显意识到华为已不再固守其熟悉的亚洲市场，而正以相当的实力向思科在北美的薄弱地区挺进。据美国方面一分析报告显示，华为进入北美，其产品市场运作方式以及推广手段都与思科极其相似，其路由产品命名方式都以思科几乎雷同，“甚至是产品的包装颜色都一样”，思科表示在华为的软件中发现了自己的软件中存在的缺陷。

三、华为的对策

一是成立专门应对机构。华为迅速成立由郭平、费敏、洪天峰等华为数位副总裁领导，知识产权、法律、数据产品研发、市场、公关等部门参与的“应讼团队”。

二是确定应对原则。任正非指示：“敢打才能和、小输即是赢！”公司高层从三个方面对应讼进行布置：

- 法律应对的方法策略；
- 按照美国人的方式做事；
- 官司涉及中美两国最知名的两家公司，舆论传媒领域的战斗是重点。

三是及时补救。诉讼启动后，华为主动开始自己涉案产品的“体检”，对自己的其他可能出现类似纠纷的产品进行了全面检查，并组成技术小组对产品进行修改的技术攻关，在美国撤回了已经销售的十几台涉嫌侵权的路由产品。开庭前，华为将第三方专家，斯坦福大学数据通信专家丹尼斯·阿利森（Dennis Allison）教授请到深圳和北京参观华为研发流程，对思科IOS和华为的VRP平台新旧两个版本进行了对比分析，确定不构成侵权。

四是组织公关宣传。应诉后，华为即更换公关公司，在其帮助下，华为与《财富》、《华尔街日报》等媒体记者主动沟通，通过美国退休高管成立的Lobby公司和美国政府保持沟通，努力消除误解，并让他们了解思科是在通过诉讼来阻止竞争。高调参加2003年3月份在美国和德国举行的两场电信设备展，“向客户展示我们对国际市场的决心”。

五是寻找同盟者。2003年3月20日，华为公司与美国3COM公司联合宣布将组建合资企业华为-3COM，共同经营数据通信产品的研究开发、生产和销售业务。3月24日3COM公司CEO克拉夫林出庭作证表示，华为的技术和实力是值得信赖的。

六是委托权威的代理人，找准攻击点。代理华为诉讼的Rober Haslam是美国知识产权诉讼领域的顶级律师，他曾代理过微软的垄断案的诉讼。律师全面检查了华为的研发过程和技术实力，建议华为在“私有协议”上下工夫，以攻击思科利用“私有协议”搞垄断为策略进行反击。

私有协议是指在国际标准组织为实现网络互连而制定标准和规范之前，由于某家公司产品先进入市场而形成的标准。私有协议一旦成为事实标准，将会使拥有协议的企业出现垄断行为。思科凭借私有协议，在巩固垄断地位的同时又保证了高达70%的毛利率。思科在路由器产品上的私有协议不公开，也不接受其他人付费授权使用。

七是筹划开辟“第二战场”。除了在美国本土与思科对抗，华为在诉讼开始后不久，就紧锣密鼓地准备开辟第二战场，准备在中国国内提起对思科的诉讼，控告思科不正当竞争的垄断行为。后来因为案件进展得比较顺利，就放弃了开辟第二战场的思路。

第8章 企业知识产权能力发展的政府支持政策

随着经济全球化进程的加快，知识产权在国际竞争中的重要性与日俱增，逐渐成为国家和企业争取科技和经济竞争优势的重要手段，构成了企业和国家竞争力的核心要素。发达国家和发展中国家纷纷制定知识产权战略，实施一系列政策支持本国自主知识产权的形成和发展。

8.1 我国知识产权政策的发展阶段

我国知识产权政策从产生和演变的阶段来看，基本上遵循创新政策的演变逻辑。

8.1.1 第一阶段：20世纪70年代末至80年代末

这个阶段，我国创新政策的颁布数量是逐年递增的，“科技”、“科学技术是第一生产力”等政府提出的治国战略已经初显成效。如1978年颁布的《1978—1985年全国科学技术发展规划纲要》，对27个领域的科技任务作了全面安排。1985年我国制定了12个领域的技术政策。这一时期我国有关创新政策的主要特点是：

（1）政府是推动科技进步的主导力量，推出了多项科学技术计划。这一时期制定和实施了“国家技术改造计划”、“国家科技攻关计划”、“国家重点技术发展项目计划”、“星火计划”、“863计划”、“火炬计划”等，推动了我国技术创新事业的发展。

（2）重视技术引进和技术改造，推动企业设备更新和技术进步，同时政府还出台了一系列相关政策。然而企业的技术开发活动并不活跃，还依赖于政府的计划安排，其原因主要是由于企业处于卖方市场条件下，感觉不到竞争的压力，因而技术创新的动力不足。

(3) 加强创新制度和基础设施建设，改善技术创新的环境条件，如专利制度、风险投资机构、高新技术产业开发区等相继被引入，技术创新的环境条件极大改善。

8.1.2　第二阶段：20 世纪 90 年代早期

20 世纪 90 年代以前，我国每年颁布的技术创新政策基本保持稳定，到了 90 年代以后，我国的技术创新政策数量呈递增趋势。这一阶段的主要特点是：

(1) 随着党的十四大的召开，我国确定了建立社会主义市场经济体制改革的目标。与此相适应，科技体制也进行了深入的改革，国家鼓励 R&D 机构投资兴办科技企业，兼并、承包中小企业发展科技产业，开始重视宏观调控与市场调节相结合，允许技术作为商品转让。

(2) 科学技术成果转化为生产力备受关注。这一时期开始实施的国家重点科技成果推广计划、国家重点新技术推广计划、产学研联合开发工程计划等，都是为加速科技成果转化而确立的。一批相关的法律、法规，如《科技进步法》、《农业科技成果推广法》、《促进科技成果转化法》等的颁布，为科技成果转化创造了较好的环境。

(3) 开始逐步进行技术创新相关服务体系建设。比如支持 R&D 机构改制转型为现代科研型企业，改组或创办生产力促进中心、工程技术中心、高新技术创业服务中心、科技咨询与服务中心、高科技孵化器等技术创新组织。

8.1.3　第三阶段：20 世纪 90 年代末至今

在此阶段我国的创新政策发生了巨大的变化，不管是从创新政策的颁布数目、创新政策的颁布领域，还是创新政策的手段来看，我国的创新政策都取得了长足的发展。尤其是1996年、1997年，我国创新政策的数量急剧增长。这一阶段的主要特点是：

(1) 技术创新概念开始为我国政府所接受。随着经济改革的不断深入，我国的技术创新研究也逐渐兴起。1995年，《关于加速科学技术进步的决定》明确提出开展技术创新工作，我国的技术创新终于开始从研究进入实践。

(2) 企业作为创新主体的地位开始被明确。我国政府对知识产权的重要性已形成共识。十六届五中全会以后，国家领导人多次在重要会议上指出要加强知识产权保护，鼓励自主创新，优化创新环境，健全知识产权法律体系，深化体制改革。2005年1月，国务院批准成立以国务院副总理吴仪为组长、知识产权局等28个部门领导同志为成员的国家知识产权战略制定工作领导小组，具体领导、组织国家知识产权战略制定工作。2005年8月8日，国家知识产权战略制定工作领导小组审定通过了《制定国家知识产权战略工作方案》等重要文件，我国知识产权战略制定工作全面展开。我国知识产权战略制定的主要原则为：政府主导，创新为本，统筹协调，衔接配套；立足国情，与时俱进。在2006年《国家中长期科学和技术发展规划纲要（2006—2020年）》中，再一次明确了企业的创新主体地位。

(3) 开始提出建设国家创新体系的思想，创新政策涵盖的范围逐步扩大，进一步扩大国家的科技投入，加强金融政策、政府采购对技术创新的支持，进一步加强人才队伍建设，注重高科技人才的培养与教育科普的工作相结合。

总体来看，自20世纪80年代初以来，我国相继出台了商标法、专利法、著作权法、计算机软件保护条例、反不正当竞争法、植物新品种条例、集成电路布图设计保护条例等知识产权法律法规，并根据国际规则和经济体制改革的需要不断修正完善；并先后参加了“建立世界知识产权组织公约”、“保护工业产权的巴黎公约”、“商标国际注册马德里协定”、“世界版权公约”等国际知识产权公约。2002 年，国务院办公厅转发了科技部、财政部制定的《关于国家科研计划项目研究成果知识产权管理的若干规定》（以下简称《规定》），这是对我国知识产权政策的重大调整，其核心是放权让利。2006 年以后，国家对知识产权保护的重视程度已经上升到国家战略的高度，吴仪副总理担任国家制定知识产权战略领导小组的组长，同时还是“保护知识产权工作组”的组长，后者是 2004 年由国务院联合 12 个中央部门组成的。从 2004 年 9 月起，保护知识产权工作组在全国范围内展开为期一年的保护知识产权专项行动，同时出台了一系列有关知识产权侵权犯罪的司法解释文件。2006 年，国务院下发了《保护知识产权行动纲要（2006—2007 年）》，表示中国知识产权战略有望在 2007 年出台；2008 年 6 月，国务院正式发布《国家知识产权战略纲要》。

8.2　我国知识产权政策工具及其实施效果

国家对企业知识产权能力建设的支持主要通过直接的财政税收和间接的金融支持体现出来。前者基本上可以分为两大类：研究开发补贴和税收优惠。后者通过支持风险投资和鼓励金融机构对科技型创新企业投资和贷款实现。这些政策的效果是促进企业自主知识产权的创造，而对知识产权的应用效果并不明显。

8.2.1　研究开发支持

目前，我国的 R&D 投入水平从总体上来说已经有较大的提高。据报道，2005 年，我国的研发投入首次超过日本达1 360亿美元。① 另据 OECD 的报告，中国的研发投入占 GDP 的比重，已从 1995 年的 0.6% 升至 2005 年的 1.3%，其增长速度已跃居世界第一（见表 1-1）。

① 资料来源：http://news.xinhuanet.com/fortune//2006-12/05/content_5435322.htm

表 8-1　我国与部分发达国家研究开发经费来源比较表

国别 年份	中国 2003	美国 2003	日本 2003	法国 2002	澳大利 亚 2002	意大利 1999	奥地利 2004	韩国 2003
按经费来源分（%）								
企业	60.1	63.1	74.5	52.1	46.4	44.0	43.4	74.0
政府	29.9	31.2	17.7	38.4	44.4	51.3	35.8	23.9
其他	10.0	5.7	7.8	9.5	9.2	4.7	20.8	2.1

资料来源：《中国科技统计年鉴（2004)》。

对比我国与其他世界发达国家的 R&D 来源不难发现，我国的开发经费构成结构现已与世界发达国家相类似，从国际发达国家的政府投入比例看，绝大多数国家政府的投入占总投入的比例均保持在 1/3 弱的水平上，由表 8-1 可知，我国已经达到这个标准。

观察 R&D 分配及用途表（见表 8-2），可以得出以下结论：我国 R&D 的 62.4% 用于企业的研发创新，仅微低于日本、美国等超级发达国家，这与我国近年来坚持企业的创新主体地位是分不开的。由表 8-3 可知，我国在基础研究、应用研究和试验发展三者的比例 2003 年大致为 1∶3.5∶13，而美国 2003 年的是 1∶1∶3，日本 2001 年的为 1∶1.8∶5，由此可以看出，我国在基础研究上的投入与世界主要发达国家相比仍处于较低水平。

表 8-2　我国与部分发达国家开发经费按执行部门分配表

国别 年份	中国 2003	美国 2003	日本 2003	法国 2003	澳大利 亚 2002	意大利 2002	奥地利 2002	韩国 2003
按执行部门分（%）								
企业	62.4	68.9	75.0	62.3	48.8	48.3	66.8	76.1
研究机构	27.1	9.1	9.3	17.1	20.3	17.6	5.7	12.6
高等学校	10.5	16.8	13.7	19.3	28.0	32.8	27.0	10.1
其他	0.0	5.2	2.1	1.4	0.3	0.2	1.1	0.2

资料来源：《中国科技统计年鉴（2004)》。

表 8-3 **我国与部分发达国家开发经费按研究类型分配表**

国别 年份	中国 2003	美国 2003	日本 2001	法国 2001	澳大利亚 2000	意大利 1998	奥地利 1998	韩国 2002
按研究类型分（%）								
基础研究	5.7	19.1	13.0	23.3	25.6	22.2	17.4	13.7
应用研究	20.2	23.9	22.8	33.5	35.8	43.7	38.7	21.7
试验发展	74.1	57.1	64.2	43.2	38.5	34.1	43.9	64.5

资料来源：《中国科技统计年鉴（2004）》。

资助政策能否有效促进企业 R&D 投入成为学术界关注的焦点。20 世纪 90 年代以来，学术界着手对政府资助的绩效和作用进行研究。早期的实证研究（Capron，1997）支持了这种政策的有效性，即政府科技投入对企业 R&D 存在“杠杆作用”，能促进企业的 R&D 投入。后期的实证研究也反映了政府资助企业 R&D 投入，会对行业 R&D 投入产生“替代效应”（Nadri & Mamuneas，1996）；①以及政府科技资助对企业的“挤出效应”（Goolshe，1998；David，1999）。②

结合研究可以发现，我国政府对企业研发投入及其绩效具有以下特点：

1. 政府科技财政投入仍显不足

我国政府的财政科技拨款从 1980 年的 64.6 亿元，增长至 2004

① 纳迪利对美国制造业的实证研究表明，接受资助的企业增加 R&D 投入，而同行中其他没有接受资助的企业却会减少其 R&D 投入。

② 政府科技资助对企业的挤出效应主要表现为，政府资助刺激了要素的需求，提升了要素价格，如提升了研究者的工资水平，从而提高了企业研发成本，导致企业减少 R&D 投入。

年的1 095.3亿元，增长了近16倍，但财政科技拨款占财政总支出的比重却下降了，从1980年的5.3%下降到2004年的3.8%（见图8-1）。虽然国家科技拨款稳定增长，但从财政政策方面来看，没有突显出科技投入在我国经济发展中的战略地位。

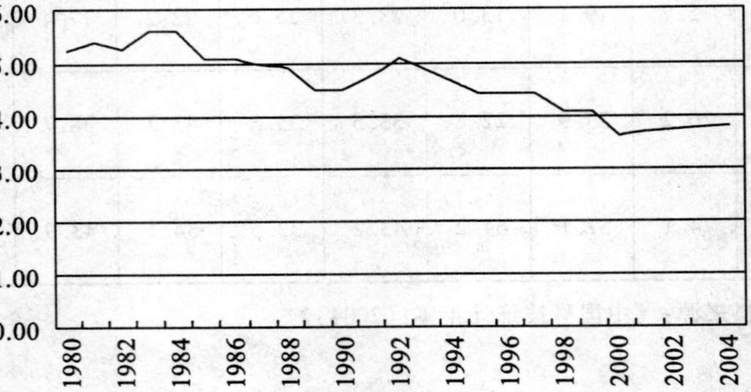

图 8-1　我国科技拨款占财政总支出的比重

资料来源：根据《中国科技统计年鉴（2005）》数据整理。

政府对研发机构和高等院校的研究与开发活动一直大力支持，但产出效率和激励效果并不令人满意。2004年政府R&D资金的80%投向研究与开发机构和高等学校，而我国重大科技成果仅有43%由研究机构和高等院校完成，比1999年还下降了9个百分点。

我国政府对企业自主创新的经费支持很少，2004年全国27 692家大中型工业企业总共只获得政府科技资助64.8亿元，来自政府的科技拨款仅占大中型工业企业科技经费的3%，政府科技经费拨款中用于支持企业科技活动的经费仅占6.6%，而同期美国企业获得的政府科技经费占政府全部科技支出的比重超过20%。WTO规则中规定的政府补贴比重是不超过50%，不管是与WTO规则相比，还是与美国等发达国家相比，我国政府对企业技术创新的支持都应当大幅度增强。

2. 企业R&D投入不足，缺乏激励

1991年，我国企业R&D投入约占全国总投入的28.5%，到

2004年这一数字上升为65.7%。其中这一比重最大的增长出现在2000年，从1999年的34.9%上升到2000年的55.2%。这是由于1999年我国政府实施的一项重大举措，将242个技术开发型院所整建制转变为科技型企业，这些院所的R&D经费也相应地转变为企业R&D经费。因此，企业在我国创新体系中的主体地位逐渐突现，但与多数市场经济国家的70%～80%仍有一些差距。我国企业R&D投入不足，一方面影响我国整体R&D的投入，另一方面关系到企业在国家创新体系中的主体地位。我国企业的R&D投入有待于进一步激励，政府应采用积极的财政政策改善企业R&D投入的不足。

我国企业科技竞争力不足是制约我国整体科技竞争力提升的主要因素。发达国家企业的R&D强度①一般为3%左右，其中高技术企业一般为5%以上，有的达到10%，我国大中型企业R&D占销售额的比重平均仅为0.5%。

3. 高技术产业企业R&D投入不足

中国高技术产业的R&D投入严重不足。美国2000年高技术产业的平均研发强度为22.5%，其中办公设备及计算机制造业、电子设备制造业的研发强度分别高达25.9%和19.6%。而我国分产业部门来看，六大行业R&D经费投入强度达到或超过1%：医药制造业达到1.3%，通信设备、计算机及其他电子设备制造业达到1.1%，交通运输设备制造业、电气机械及器材制造业、专用设备制造业和仪器仪表、文化及办公用机械制造业达到1.0%。表8-4反映的是高技术产业中大中型企业R&D经费占产值的比重，这一比值也在一定程度上反映出这些高技术产业企业对R&D投入的强度和重视程度。从表中的数据来看，我国高技术产业R&D投入不足。

---

① R&D强度，即企业R&D经费占销售收入的比重，是在技术创新活动中，衡量企业科技投入的主要指标。发达国家制造业的这一指标为2.5%～4%，发达国家跨国公司都在5%左右。国际上一般认为，技术开发投入占销售额1%的企业难以生存，占2%可以维持，占5%才有竞争力。

表 8-4 **高技术产业中大中型企业 R&D 经费占产值比重（单位：%）**

按行业分类	2000 年	2001 年	2002 年	2003 年	2004 年
高技术产业中大中型企业	1.8	1.8	1.7	1.3	1.3
医药制造业	1.2	1.5	1.4	1.4	1.4
航空航天器制造业	3.8	3.6	4.3	4.1	5.3
电子及通信设备制造业	1.8	2	1.9	1.6	1.6
电子计算机及办公设备制造业	1.8	0.8	1.1	0.5	0.5
医疗设备及仪器仪表制造业	1.6	1.8	1.9	1.9	1.7

资料来源：中国科技统计网站。

8.2.2 税收支持

我国的财政政策主要体现在以下两个方面：一是大力增加财政资金投入，使财政科技投入的增幅高于财政经常性收入的增幅；二是充分利用财税的扶持政策，营造激励创新的环境，推动企业成为创新的主体。这方面主要的政策有：

- 要加大企业对企业研发投入的所得税前的抵扣力度；①
- 允许企业加速用于研究开发的设备仪器的折旧；
- 完善促进高新技术企业的税收政策；
- 完善进出口税收政策；
- 支持创业风险投资企业的发展等。

另外，国内创新主体在研究开发、高新技术发展、科技成果转化、技术设备引进、科技产品出口、教育科普等方面都可以享受多种形式的税收优惠。例如，经认定的高新技术企业可以享受企业所得税“两免三减半”② 的优惠政策。

---

① 国家中长期科学和技术发展规划纲要（2006—2020 年）的若干配套政策。

② 所谓“两免三减半”，是指被认定了高新技术企业的单位自从始获利年度起，第一年和第二年免征企业所得税，第三年至第五年减半征收企业所得税（以下简称“两免三减半”），即第三年至第五年的企业所得税税率为15%。

与世界各国的税收政策相比，我国的税收优惠政策的形式相对比较单一，相对于个人研究开发人员的这类税收补贴并不是很多。另外，对税收政策的使用目标往往不明确，且税收优惠以直接优惠（主要指所得税优惠）为主、间接优惠（主要指流转税，如加速折旧等）为辅，不利于创新企业的成长壮大。

8.2.3　发展风险投资业

风险投资政策是指政府为了解决技术创新投资不足而采取的一种制度性措施。风险资本的来源从世界的角度来讲主要有私人资本、风险基金和政府投入。由表 8-5 和表 8-6 可知，在我国的风险投资额来源中，企业和政府是风险投资机构管理资本的主要来源，所占的比重高达 50% 以上。另外值得提及的是，海外资本所占风险资本的投资总额也是比较大的，高达 33.9%。然而从总体上来说，我国的风险资金来源比较单一，政府财政拨款所占比例比较大，这样就不利于资源的市场配置。

表 8-5　**中国 2005 年风险资本来源分布统计（单位：亿元）**

来源	政府	金融机构	企业	事业单位	个人	海外资本	其他	合计
金额	88.57	41.12	129.01	4.29	8.41	142.29	6.39	420.07

注：2006 年的有效样本数为 122 家。

资料来源：《中国风险投资年鉴（2006）》。

表 8-6　**中国 2005 年度中外风险投资机构获得的政策扶持情况比较统计**

		所得税减免	计提风险准备金	获得政府资金支持	人员培训	信息交流	其他
本土	个数	39	13	43	11	37	9
	比例	42%	14%	46%	12%	40%	10%
外资	个数	8	1	6	2	8	1
	比例	44%	6%	33%	11%	44%	6%

注：该项调查的有效样本数为 134 家。

资料来源：《中国风险投资年鉴（2006）》。

8.2.4 其他金融投资政策

我国政府在促进创新的金融投资政策方面作了一些有益的尝试，如1999年成立了科技型中小企业技术创新基金，其创新基金运行机制及运作方式得以不断改进和完善，创新基金的公众形象和知名度也在不断提高。另外，在2006年出台的《国家中长期科学和技术发展规划纲要》的若干配套政策中，也有金融投资方面的政策：

- 通过引导和激励商业银行及风险资本，改善中小企业科技创新的金融服务；
- 通过完善创业风险投资法来加快发展创业风险投资事业；
- 支持有条件的高新技术企业在国内主板和中小企业板上市来建立支持自主创新的多层资本市场；
- 支持开展对高新技术企业的保险服务；
- 完善高新技术企业的外汇管理政策。

8.2.5 公共采购政策

2002年6月29日，第九届全国人大常委会第十八次会议通过了《中华人民共和国政府采购法》，自2003年1月1日起施行。几年来，中央到地方各级政府认真贯彻政府采购法，并取得了很大的成绩，主要表现在：

（1）政府采购规模不断扩大。

（2）节约了大量的资金，提高了财政资金的使用效率。实行政府采购，采用公开招标采购方式，将竞争机制引入预算管理中，极大地节约了财政资金。

（3）规范了政府采购行为，促进了廉政建设。

另外，在2006年颁布的《纲要》的配套政策中列出了通过政府采购手段鼓励促进自主创新的五项基本政策。这五项基本政策有以下几大亮点：

第一，配套政策明确提出给予自主创新产品优先采购权。

第二，明确提出建立自主创新产品的首购制度。

第三，明确提出优先购买本国货。

第四，提出在政府采购中建立自主创新产品认证制度、认定标准和评价体系。

尽管我国的公共采购政策有一定的改进，但是由于我国的政策采购政策实施时间并不长，仍然存在很多问题，比如，政府的采购面并不广，采购程序还不规范，对于自主创新的激励不够明显，另外还存在“权力寻租”现象。

总之，政府支持和鼓励企业发展自主知识产权是一个事关国家竞争优势建立的系统的、复杂的工程。从前面的分析可以看出，支持企业自主知识产权的建立与支持企业自主创新的政策具有相似的战略思路和路径，但涉及的政府职能部门会更多，政府行为更具有多样性，从而增加了政策的一贯性要求和协调的难度。从自主创新、形成自主知识产权到知识成果商业化，这三个阶段既有时间上的递进关系，也有相互交错依赖的关系。而政府的支持政策必须在三个阶段的激励上都能产生效果，才能最终证明这些支持政策的有效性。如何协调多个政府部门的策略行为，保证不至于出现政策的相互矛盾、效果相互抵消的现象？政策的重点是什么？如何强化执行和控制？针对这些问题，下面给出了一些具体的策略和建议。

8.3　支持企业知识产权能力发展的管理制度创新与策略重点

8.3.1　创新知识产权管理制度，提高政府知识产权管理能力

支持企业发展自主知识产权能力，涉及财税政策、金融政策、科技政策、投资政策、知识产权政策等，涉及的部门包括财政部、税务部门、科技部、信息产业部、国家知识产权局、国家工商局及商标局、国家知识产权局、国家版权局、商务部、人民银行及各商业银行以及其他部委。如何协调这些政府部门的策略行为，保证政府行为的一贯性、连续性与有效性，不至于出现政策的相互矛盾、效果相互抵消或者执行中的“短板现象”？关键应该通过机构的完

善来保证执行的有效性，并确保各种政策（反垄断、科学技术与创新、教育、贸易、财税等）的连贯性。具体建议：

首先，在国务院建立“自主创新与知识产权管理协调委员会”，其职责是贯彻国家创新与知识产权发展战略，协调各部门之间的关系，监督和控制各项支持政策的执行效果。知识产权战略目标不是保护弱者，而是激励创新，促进竞争。政府必须在鼓励创新和强化保护方面保持灵活的平衡。这需要政府能洞悉国际经济和法律，有战略远见和国际化思维。

其次，尽快实施国家知识产权战略。目前，国家各部委和地方政府已经完成了各产业部门和地区知识产权发展战略，国家知识产权局也已经完成了“国家知识产权发展战略”框架。而如何有效地贯彻执行国家知识产权战略则显得尤其重要。只有制度上的创新，才能保证知识产权战略的执行力。

最后，政府部门要加强自我学习能力，提高决策水平和执政能力。政策的制定者是有限理性的，这就要求其在制定政策过程中不断地加强学习，修正行为，从而持续提升自身的能力。这方面的主要政策主要有：

● 每年颁布我国创新政策的年度报告，汇报、定性分析和展望我国的创新政策，利用创新指标体系对成员国的创新成绩进行定量比较，分析优势、劣势。

● 对政府部门创新政策决策者的培训和支持，设计一系列的政策，帮助政治家、政府的高级官员、地方官员了解和学习创新理论，在公共部门传播创新理论，进行创新体系、政策的比较研究，监测和评估创新过程、成果的社会经济影响。

● 行政程序的简化。官僚主义是创新活动的阻碍因素，比如，欧盟在简化行政程序方面的举措包括：在线申请措施，政府特别热线，一站式服务，简化的选拔、支付和供应程序等。

8.3.2 政府支持政策的重点

1. 培育企业知识产权能力

迄今为止，我国知识产权制度虽然基本与世界接轨，并日趋完善，但作为后发国家，仍处于相对落后和被动的局面。目前大多数企业由于缺乏自主创新能力，仍然没有自主知识产权。同时，企业自身缺乏相应的知识产权保护意识和专业人才，也导致难以驾驭知识产权这种有力的利器，极大延缓了其国际化的进程。用知识产权遏制中国企业的全球化进程，是西方发达国家企业的惯用手法。由于“中国制造”的技术短板、专利缺陷的客观存在，使跨国巨头们设下的种种知识产权陷阱让中国企业付出了高昂的代价。显然，对国内企业而言，知识产权调查已经成为一个不得不重视的贸易壁垒。

近年来，国内屡屡发生跨国公司与国内企业的知识产权纠纷。例如，2003 年思科起诉华为侵权、丰田诉吉利商标侵权、本田诉力帆侵权、美国通用诉奇瑞 QQ 涉嫌侵权等，2004 年日立状告南方汇通、通领科技与莱伏顿公司的专利纠纷等，2005 年中芯国际贷款担保计划因美光作梗遭遇美国进出口银行“无限期搁置”的案例、SigmaTel 发难珠海炬力、英特尔告东进侵权案、贵州微硬盘遭到日立起诉，等等。而遭诉的这些企业都是我国近年发展迅速的高科技企业。

伴随着我国产品在全球市场份额的增长，无休止的知识产权诉讼接踵而至，已然成为我国企业“后过渡期”的 WTO 特征。一方面外国政府或企业以专利、版权和种种标准相结合构建的各种非关税贸易壁垒，阻挡我国企业和产品进入他国市场，抽取高额的“买路钱”。譬如，采取专利费高要价、重复收费、滥用诉讼权力等做法，国外的专利壁垒越筑越高。另一方面，外企将我国企业比较有价值的知识产权抢先注册，企图将我国企业和产品拒之门外。这种来自他国的知识产权壁垒阻击使中国企业承受着前所未有的压力，致使我国每年国际贸易损失高达百亿美元（上海福卡经济预测研究所，2005）。

随着中国经济的迅速发展，产品竞争力的大幅度提高，发达国家和地区尤其是美欧日在针对我国知识产权保护方面采取的措施越来越强大，并开始走向从企业到国家形成的联合攻势。近年来，美欧日日益对我国知识产权保护的各个层面表示不满，它们在联合施压方面越来越协调，并有不断走向联合的趋势，而且在引发诸世贸组织争端解决机制的可能性还在增加（向欣，2007）。因此，对于处于成长阶段的中国企业而言，当务之急是要加快提高知识产权保护的诉讼能力。

那么，中国企业如何提高应对知识产权能力呢？

第一，有效制定和实施知识产权战略。从战略的高度看待知识产权，强化知识产权在全球的保护，巩固发展自己的科技、经济优势。

第二，建立企业专门的知识产权管理部门，同时培养专门的知识产权人才。譬如，选派一大批有工科硕士以上学历的企业研发人员到国外学习知识产权相关知识，储备涉外诉讼人才。

第三，尽快健全企业知识产权管理制度，建立商标、专利跟踪监视网络，以提高保护、运用和管理知识产权的水平和能力（吴汉东，2007）。

第四，整合研发资源，加强技术合作，提高我国技术标准竞争能力。采用国家标准的同时，积极参与国际标准的制定。

第五，提高应对滥用知识产权诉讼的能力。与国外律师事务所密切合作，建立以行业为主体的知识产权诉讼风险基金，抗衡海外企业滥用知识产权的恶意诉讼，提高企业整体抗风险能力（陈伍胜，2004）。

第六，转变企业的竞争模式。借鉴发达国家知识产权社会保险体系的商业化运作模式，创新企业专利等知识产权营运、发展的新模式，

第七，努力争取获得政府与企业的大力支持和资助。加强与政府和其他企业的合作，共同应对跨国公司的知识产权纠纷，提高科技产业竞争力。

2. 继续加强对中小企业的支持力度，从多方面解决中小企业自主创新乏力、知识产权意识薄弱、产业化能力较差的问题

虽然国家已开始加大对中小企业的支持，但从整体来看，国家还是主要支持国有大型企业，对中小企业的支持力度仍然不够。特别是专门针对民营科技企业的法律仍然不够完善，扶持资助措施强

调原则性缺乏操作性，民营科技企业在融资、税费、分享水电资源等方面处于不平等地位。关于中小企业和技术创新的法律法规并不少，但立法不够系统。由于缺乏长期系统规划，立法又以所有制为划分标准，至今仍没有一部统一的中小企业基本法，也没有类似于美国的中小企业管理局之类的政府部门。虽然国家先后制定了专利法、科技进步法、农业技术推广法、科技成果转化法等，但没有专门的技术创新法，如风险投资、科技投入等仍然缺乏法律约束力去实施和执行。

从前面的统计分析也发现，中小企业有创新压力和动力，但缺乏实施创新产品的能力，即商业化能力，因而也就限制了其品牌发展能力。因此，除了通过发展风险投资、中小企业创新基金支持以外，国家以及通过地方政府在政策性的金融支持方面应该有所创新。比如，针对中小企业集群创新和共享品牌（区域品牌）的特殊贷款，以及促进小企业与大企业的合作贷款等，可以通过建立“中小企业管理局”来辅助执行这些政策。同时，政府应该是创新环境的营造者，宣传科学知识，奖励技术创新，提高政府办事效率，重视人才的培养；政府应该是企业技术创新的指导者，它不能替代企业成为创新的主体。在我国，企业的创新主体地位还不明显，企业创新的积极性不高，政府可以通过财政、税收、金融等政策来刺激企业的创新，同时也可在立法方面加以约束，强化企业的创新主体地位。

3. 支持政策应该是知识产权导向、价值创造导向和品牌导向

首先，将来对企业自主创新的支持政策应该是知识产权导向的，而不仅仅是研发投入，即支持政策要针对有自主知识产权能力产生的创新项目和企业。因此，支持企业的选择需要考虑的主要因素是企业是否具备知识产权的基础，以及为建设知识产权能力企业在机构设置、激励机制、知识管理等方面是否做了相当的准备和努力。

其次，国家支持政策应该是价值创造导向和品牌导向。大量的数据证明，在我国现有的国力条件下，国家对企业的创新支持力度是不断在增加，但同时，有大量的科技创新仅仅停留在智力成果阶

段，长期“呆”在实验室，或者作为纯粹的专利文件，而没有转化为满足产业和消费者需要的产品或服务，即没有创造市场价值。这对整个国家而言是一个巨大的资源浪费。科技成果没有转化为现实的生产力就不可能有品牌发展，科技创新能力就不可能成为真正的竞争力。所以，国家应从战略高度认识到支持企业自主创新与支持企业创新转化能力同等重要，并要强化不断创新企业的商业化能力，提高创新效率。

4. 运用“三螺旋”模型促进我国技术创新的开发、成果转化和应用

亨利·埃茨科威兹（2005）认为，在国家创新体系中，大学、产业、政府不是简单的线性关系，而是在创新过程中密切合作、相互作用，同时每一方都保持自己的独立性。他认为，当今的生物技术、计算机科学和纳米技术正是这种创新形式下的产物。“当新知识注入产业，各种各样的新旧知识结合成为公司形成的基础时，政府、产业不断地支持大学的发展，从而加速大学研究生产的研究中心的建立，这是一个典型的发展战略”。①

运用“三螺旋”模型来促进我国技术创新的开发、成果转化和应用，其主要的措施有以下几方面：

（1）重视高校和研究机构在知识经济中的关键作用。三螺旋模型认为，随着学术研究界的“二次革命”爆发，高校和研究机构应当同时担负教育、研究和社会化服务的多重任务。比如美国的STTR（The Small business Technology Transfer Research program）的重要制度创新之一就是要求科研机构积极参与项目，为产业化服务。

（2）以资金和技术为纽带，以立法为保障，以政府力量促进知识商业化和资本化，这个过程反过来也为更高层次的知识创造提供了条件。在三螺旋的创新模式中，政府对企业是间接的，这就避免了政府对产业的直接干预，解决了两者之间的矛盾。

（3）企业与大学、研究机构的直接联系可以使科研机构的研

① ［美］亨利·埃茨科威兹；周春彦译：《三螺旋：大学·产业·政府三元一体的创新战略》，东方出版社2005年版。

究成果更具市场导向，这样利于科研机构的科研成果的迅速转化，在一定程度上由市场来引导科研的方向。需要说明的是，仅由市场来引导科研的研究方向是不够的，还需要结合国家的研发资金的投入来共同引导。

借鉴欧洲创新政策的措施，我国应鼓励企业参与国家研究计划、鼓励大学和研究机构与企业签订合作合同等多样化政策。譬如，比利时制定了鼓励建立企业、科研机构联合研究中心的政策，地方政府也为企业研发提供资助，提供无息或低息贷款。

5. 支持政策应该增加对服务企业的创新支持力度

前面的统计分析已经说明，我国企业现有的知识产权大部分集中在制造业，服务企业的知识产权数量微乎其微。这是不符合现代产业的发展规律的。尽管我们在制造业领域的知识产权能力已经落后于发达国家，但如果在服务业领域的知识产权能力也远远落后于发达国家，那么，靠知识产权能力来提升国家竞争力也只能是一句空话。从现有的一些政策措施来看，我国政府尚未对服务业的知识产权能力有足够的重视。今后，政府应制定支持政策，以对服务企业，比如金融、通信与电信、媒体与网络服务、计算机软件等行业企业的知识产权能力进行培育。

6. 把对企业知识产权能力的建设与标准能力的建设结合起来

标准是知识产权的载体，知识产权是标准的内容。标准的作用与知识产权的作用各有其特点，标准的最主要作用就是市场统一，而知识产权的作用就是一定的垄断性及其带来的经济利益。现代技术标准，就是成功地利用专利技术和标准化工作的特点，巧妙地将全球技术许可战略构建在技术标准之中。技术标准的全球技术许可战略就是典型的 1 + 1 > 2 战略，使标准战略与知识产权战略你中有我，我中有你，巧妙地结合在一起。如果知识产权战略与标准战略能够融合起来，其威力和影响力就非同凡响。我国政府已经提出了实施技术标准战略。科技部在“十五”期间进行的 12 个重大专项中特别设立了一个重大标准专项，集中解决高技术领域和中药、中文信息处理等有优势的领域标准的制定，使我国尽可能、尽快地在国际竞争中取得一些优势。在支持企业自主知识产权的政策方面，要有标准战略的内容，一定要对那些有可能形成国际产业标准而且具有广阔市场前景的产品和企业进行重点倾斜，这就要求政府部门高度重视世界范围内技术壁垒变化与发展趋势，对主要发达国家与主要发展中国家的现行政策及潜在动向进行跟踪研究。同时，通过改革建立国家的标准研究机构，组织、规划和协调全社会包括企业、高校、研究机构的力量，共同从事标准研究。最根本的是建立国家技术标准体系，在科学、合理、合法的前提下，形成有特点和优势的技术标准体系，建立起有中国特色的技术型贸易管理措施。

7. 改进对企业和企业家的绩效考核制度

目前，国家在对企业和企业家的绩效考核方面存在两个问题：一是考核指标体系里没有知识产权的内容；二是在对企业的知识产权考核指标里，重数量而不重质量。譬如，当年考核统计，主要是看企业的专利申请数量而不是实际专利授权数量。而实际上，专利申请数量与最终核准授权的专利数量之间是有很大差别的。而现有的考核制度却诱使很多企业为了应付检查或评优，积极去申报专利，能否获批，获批的专利是发明专利还是实用新型或外观设计，关系不大，奖励差别也不大；而且，在很多企业里是没有专门的知识产权机构的，即使有，也往往是企业的一个很不重要的部门，高层管理者或者企业的发展战略里是很少关注知识产权的。所以，目前我国企业的知识产权激励制度是极为低效的。今后，国家支持政策以及考核制度里一定要增加实际知识产权能力的内容，既要重视知识产权的存量，还要重视知识产权的增量，更要重视知识产权的质量。

8. 防止政府的科技投入对私人资本的“挤出效应”

霍弗和波尔特（Hofer and Polt, 1998）曾经总结并阐述了这样一个关于创新政策的原理：多样性、竞争和合作都应该被保持，多样性提供创新并容许不确定性的存在，竞争是创新的动力，合作可以建立基本的联系和互动。需要特别指出的是，所有这三个因素是在一种“紧张关系”（tense relationship）中相互作用的，它们之间必须渗透着某种制衡。为了防止政府的科技投入对私人资本的“挤出效应”，至少可以从以下几个方面采取措施：

（1）实行配额制度。这是一种已经被广泛采用的制度，它主要是指政府对企业研发资本的补贴，要求企业投入一定比例的自有资金用于研发，这样做的好处是保证了企业自有资金对于研发的持续投入，即使政府取消补贴，也不至于取消企业的研发费用投入。

（2）引入竞争。竞争是防止机会主义的最好武器。政府可以确定重点投资的行业或领域，但在选择企业时，一是选择行业或领域内实力最强的企业，因为它们最容易出成果；二是可以通过竞争夺标的形式对研发资金进行分配。

（3）政府可以采用促进企业之间联盟的形式来达到促进企业的联合研究开发，避免直接投资带来的负面影响。

总之，研究创新支持政策中必然存在的复杂性要求政策过程本身是信息密集型的，创新支持政策本身必然又是实验性的——它必须准备不断尝试新的政策工具，并根据日新月异的环境对自身加以改进和完善，而创新政策的改进必须是反复的、持续的一个过程。因此，在这个过程中，政策制定者的能力建设显得尤为重要。

8.3.3　建立企业知识产权能力评价指标体系

事实上，知识产权支持政策的制定与实施首先依赖于对知识产权能力的评价，建立一套具有科学合理性、政策导向性、测度可操作性于一体的“企业知识产权能力评价指标体系”不仅具有理论上的贡献，也能为政府制定相关的政策提供帮助。

1. 关于企业知识产权能力的度量

在第一章中，本书将企业知识产权能力定义为知识产权的创造、运用、管理与保护的综合能力，可以简化为知识产权的创造、运用和商业化（产出）的能力。

知识产权能力如何度量？它与创新能力的度量有何关系？这里有必要对目前理论和实践上都比较成熟的关于创新能力测度作一个回顾。

（1）关于企业创新能力的评价

经济合作与发展组织（OECD）一直致力于创新的度量。1992年推出的《奥斯陆手册》（*Oslo Manual*）是供 OECD 成员国使用的关于创新测度的标准。该手册从统计的角度对技术创新（产品创新和工艺创新）进行了界定，为制造业领域的技术创新统计制定了技术规范。OECD 和欧洲委员会于 1997 年又推出《奥斯陆手册》的修订版。修订后的手册虽然仍采用原有的概念、定义和方法论框架，但是在定义上更为准确，所提供的说明更为广泛，使对技术创新的定义和测度从制造业扩大到服务业。此外，还采用了最新的国际分类标准。手册出版以来，迅速为大多数 OECD 成员国作为测度产业创新活动的参考，并在欧共体创新调查（CIS）中得到成功运用（OECD，1997）。

《奥斯陆手册》提供的创新测度指导，是为了在 OECD 成员国之间比较创新程度，数据虽然是由各个成员国的企业收集而来，评价的却是国家层面的创新。国家层面的创新评价与企业层面的创新能力评价既有相似之处，又有区别。

对于企业层面的创新评价，Mark Rogers（1998）从投入和产出两个角度分析了企业创新活动的测量尺度，并讨论了相应尺度的不足之处。具体描述见表 8-7、表 8-8。

表 8-7 **Mark Rogers 从产出角度提出的对创新的测度方法**

测量尺度	描述/注释
新（改进）产品或新（改进）工艺的引入	问卷调查提问，回答为“有”或“无”，回答通常是对企业在给定的时间段内的创新的评价
新（改进）产品或新（改进）工艺占销售的百分比	问卷调查提问，取决于被调查者估计百分比的能力
知识产权统计数据	专利、商标、工业设计等的申请和授予统计数据。缺点是这些数据并不一定反映企业创新的商业化
企业绩效	使用计量经济学的方法建立创新指标与企业绩效的联系

资料来源：ROGERS M. The Definition and Measurement of Innovation [J]. Melbourne Institute Working Paper No. 10. Melbourne Institute of Applied Economic and Social research, the University of Melbourne. Melbourne. 1998.

表 8-8　**Mark Rogers 从投入角度提出的对创新的测度方法**

测量尺度	描述/注释
R&D 投入	数据有广泛的可获得性。但是在准确的定义上有争议，并且与创新程度并不完全一致
知识产权统计数据	与创新并不完全一致。事实上在商标和工业设计方面并没有深入研究
对其他企业技术的获取（如专利、许可证）	创新的重要组成部分，对应于技术的扩散
与新产品/工艺相关的新设备支出和工业工程与制造的启动方面的支出	取决于企业区分此类型的支出是投资还是纯粹的旧设备更换的能力
无形资产	资产负债表的数据包括商誉和资本化的 R&D。无形资产数额的改变也许会是企业近期的创新的一种指数
新产品市场营销支出	
与新/改进产品/工艺相关的培训支出	
管理和组织变革	通常是问卷调查中的提问，回答“有”或“无”

资料来源：ROGERS M. The Definition and Measurement of Innovation [J]. Melbourne Institute Working Paper No. 10. Melbourne Institute of Applied Economic and Social research, the University of Melbourne. Melbourne. 1998.

我国国家统计局国家经济景气监测中心 2005 年末发布的《中国企业自主创新能力分析报告》，从技术创新能力的角度提出了一个企业自主创新能力的评价指标体系，共包括 4 个一级指标：

● 一是潜在技术创新资源指标，包括企业工程技术人员数、企业工业增加值、企业产品销售收入等项。

● 二是技术创新活动评价指标，包括科技活动经费占产品销售收入比重、研究和试验发展（R&D）活动经费投入占产品销售收入比重等项。

● 三是技术创新产出能力指标，包括申请专利数量占全国专利申请量比例、拥有发明专利数量占全国拥有发明专利量比重、新产品销售收入占产品销售收入比重等项。

● 四是技术创新环境指标，包括财政资金在科技活动经费筹集额中的比重、金融机构贷款在科技活动经费筹集额中的比重等项。

企业自主创新能力评价指标体系如图 8-2 所示。

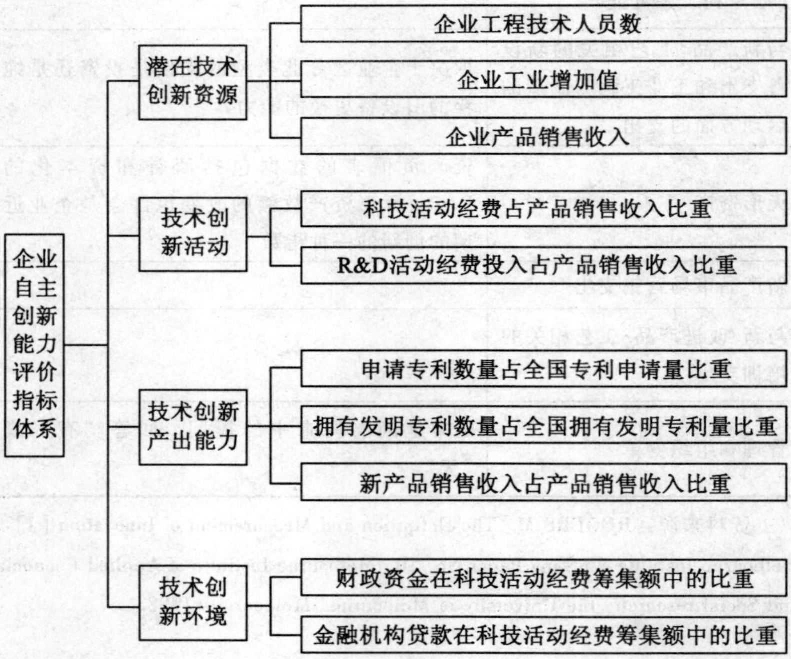

图 8-2 国家经济景气监测中心的企业自主创新能力评价指标体系
资料来源：国家统计局网站。

陈劲等认为，完整的技术创新绩效评价应该包括创新产出绩效评价和创新过程绩效评价两部分，并且分别针对产品创新和工艺创新设计了相应的指标体系，如表 8-9、表 8-10 所示。

表 8-9　陈劲等以产品创新为主的企业技术创新绩效评价指标体系

分类		序号	指　　标	维度权重(%)	指标权重(%)
创新产出绩效	经济效益	1	新产品销售率	30	40
		2	新产品利润率		30
		3	单位产品成本降低率		30
	直接技术效益	1	新产品数	30	40
		2	重大改进产品数		30
		3	主持或参与制定新标准数		30
	技术积累效益	1	专利申请数	20	30
		2	技术诀窍数		20
		3	技术文档数		20
		4	科技论文数		15
		5	技术创新提案数		15
创新过程绩效		1	竞争情报分析报告数	20	20
		2	研发部门与客户交流频度		10
		3	研发部门与生产制造部门交流频度		10
		4	企业之间研发部门交流频度		10
		5	企业研发部门与高校、研究所的交流频度		5
		6	研发投入占销售收入的比重		10
		7	研发人员人数比重		10
		8	技术带头人、技术桥梁人物数		5
		9	企业技术人员人均培训费用		10
		10	技术人员参与国内外会议数人次		5
		11	企业技术论坛数		5

资料来源：陈劲，陈钰芬．企业技术创新绩效评价指标体系研究［J］．科学学与科学技术管理，2006（3）．

表 8-10　陈劲等以工艺创新为主的企业技术创新绩效评价指标体系

分类		序号	指　　标	维度权重（%）	指标权重（%）
创新产出绩效	经济效益	1	改进产品销售率	30	25
		2	改进产品利润率		25
		3	单位产品成本降低率		50
	直接技术效益	1	重大工艺创新数	30	40
		2	改进产品数		30
		3	主持或参与制定新标准数		30
	技术积累效益	1	专利申请数	15	20
		2	技术诀窍数		15
		3	技术文档数		15
		4	科技论文数		10
		5	技术创新提案数		10
		6	产品质量改善率		10
		7	劳动生产率提高率		10
		8	生产周期（或交付期）缩短的时间		10
	社会效益	1	每万元产值能源消耗减少量	5	50
		2	减少环境污染的程度		50
创新过程绩效		1	竞争情报分析报告数	20	20
		2	研发部门与客户交流频度		10
		3	研发部门与生产制造部门交流频度		10
		4	企业之间研发部门交流频度		10
		5	企业研发部门与高校、研究所的交流频度		5
		6	研发投入占销售收入的比重		10
		7	研发人员人数比重		10
		8	技术带头人、技术桥梁人物数		5
		9	企业技术人员人均培训费用		10
		10	技术人员参与国内外会议数人次		5
		11	企业技术论坛数		5

资料来源：陈劲，陈钰芬．企业技术创新绩效评价指标体系研究［J］．科学学与科学技术管理，2006（3）．

（2）企业创新能力与知识产权能力：交叉、重叠还是相互包容？

从以上的研究现状回顾可以看出，一方面，我国的企业创新能力评价指标体系仍处于探索阶段。不同企业创新环境不同，所从事的行业不同，创新绩效考核没有统一的标准，大多数指标只能定性评价而不能定量评价，创新过程考核极具复杂性，这些因素导致了创新能力评价指标体系构建的困难。另一方面，企业技术创新能力指标体系中包括了部分知识产权指标，比如研发投入、新产品与产出数量、科技人员规模、专利数据等。但在涉及知识产权能力评价，尤其是专利数据方面，国内学者的表述相当不一致，甚至有些很模糊，而国外学者的关注更为深入。比如，国内对知识产权能力大多只用到专利数据，表述方式有：专利申请数（陈劲）、专利份额（莫兰琼）、申请专利数量占全国专利申请量比例以及拥有发明专利数量占全国拥有发明专利量比重（国家统计局）。而只有 Mark Rogers（1998）在其创新能力评价指标体系中列入了较完整的知识产权数据，包括专利、商标、工业设计等申请和授予的统计数据。说明这些数据与创新并不完全一致，企业 R&D 投入与创新程度也不完全一致，事实上在商标和工业设计方面并没有深入研究。更为重要的事，这些知识产权数据并不一定反映企业创新的商业化。所以，将企业创新和知识产权商业化或资本化的能力是知识产权能力的最终体现。

从以上的分析可以看出，企业创新能力与知识产权能力的评价指标体系存在交叉、重叠，但不完全相互包容。创新、知识产权化、创新成果商业化是两者共同的逻辑，但每每两者之间并不完全画等号。（知识）创新是共同的基础，在这方面的指标基本相同，但创新的技术或方法并不一定会全部知识产权化，创新的成果或知识产权也不一定会完全转化（产生）为商业价值，所以，这就为构建既相互联系、又相互区别的创新能力指标体系和知识产权能力指标体系提供了创新空间。如何从政府支持企业进行自主知识产权能力发展、又从企业角度构建新的企业知识产权能力评级指标体系也是本书研究的主要内容。

2. 企业自主知识产权能力的构成

讨论知识产权能力的构成要素，是为了建立一个用于收集数据的概念框架，使我们能够对所需要的知识产权能力数据加以组织和认识。通过下面提出的知识产权能力构成模型，可确定知识产权能力的评价包括哪些方面，进而确立评价的指标体系。

在吸收前人对企业创新能力构成的研究成果的基础上，本书认为，为帮助政府更好地制定政策以支持企业的自主创新，从创新过程这一视角来考察企业的知识产权能力是比较合适的，也便于指标的分解和测度。在此基础上，本书将企业知识产权能力分解为创新投入能力、研究开发能力、创新生产能力、知识产权化能力、创新管理能力和创新产出能力，具体如图 8-3 所示。

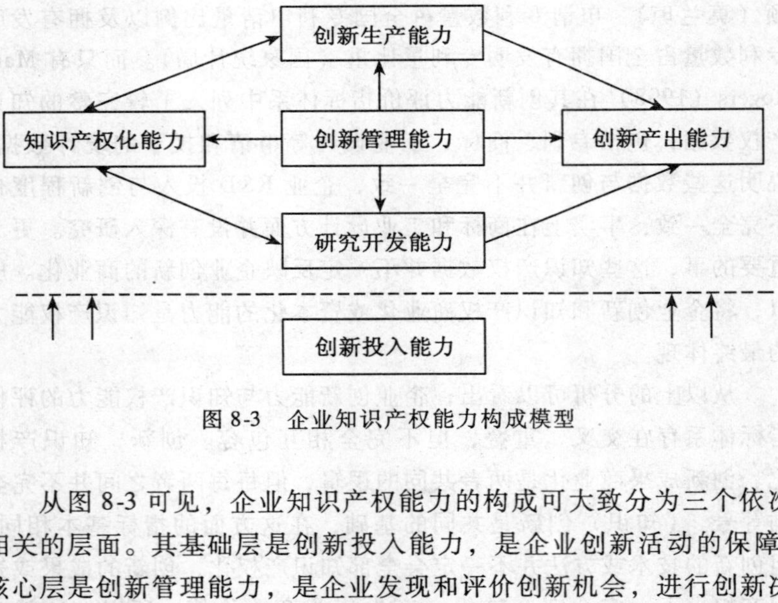

图 8-3　企业知识产权能力构成模型

从图 8-3 可见，企业知识产权能力的构成可大致分为三个依次相关的层面。其基础层是创新投入能力，是企业创新活动的保障；核心层是创新管理能力，是企业发现和评价创新机会，进行创新决策，组织管理创新活动的关键；中间层根据创新过程分为研究开发能力、创新生产能力、知识产权化能力以及创新产出能力，这些是企业知识产权能力的具体表现。

3. 企业知识产权能力评价指标体系的详细设计

根据企业创新能力的构成要素及指标体系的目的和原则，本书将评价企业知识产权能力的指标体系分为三个层次：

第一是目标层，即要评价的企业知识产权能力。

第二是准则层，与企业创新能力的构成相对应，将六个构成要素规定为准则层的指标。它们分别是创新投入能力、创新管理能力、研究开发能力、创新生产能力、知识产权化能力和创新产出能力。

第三是因子层，这是整个指标体系的核心部分。

由于知识产权能力六个构成要素除了知识产权化能力指标外，其他 5 个因子的指标设计这方面的研究成果较多，本书不再赘述，这里只对知识产权化能力指标设计作详细分析。

知识产权化能力是企业将知识转为为财产权的能力。具体来说，它是企业获取、运用和管理知识产权方面的能力，它说明企业是否善于获取知识产权（低成本、时间领先优势等）、是否善于运用和保护知识产权，使知识产权产品更好地创造市场价值。这一指标的核心在于企业在知识产权方面的优势。

知识产权能力指标有：

①知识产权拥有量以及在行业中所占比率。

企业知识产权拥有量是衡量企业知识产权能力最基本的指标，它决定了企业获取或创造知识产权的能力。知识产权拥有量可以用专利、版权、驰名商标、著名品牌拥有量来衡量。除了企业拥有的知识产权绝对数量以外，还要比较该企业知识产权拥有量在同行业中所占的比重，了解其在行业中的竞争地位。

②企业知识产权运用和管理能力指标。

企业知识产权运用能力既是一个过程指标，又是一个结果指标。由于过程指标难以衡量和比较，可以选择一些财务指标，比如，企业专利销售产品收入，专利、版权和商标的许可、转让或联盟收入等来衡量。知识产权管理能力可以通过企业是否建立了功能健全的知识产权机构和制度、从事知识产权管理的人员专业素质等定性/定量指标来衡量。

此外，企业在知识产权保护和处理知识产权纠纷中所表现出来的能力也可以理解为知识产权能力。比如，通过建立有效的机构、制度和防御措施保护企业的知识产权，避免被侵权；当采取进攻性的市场策略而遭遇竞争者的侵权指控时，能积极应诉，变威胁为机遇，这些都表现为企业的诉讼能力。诉讼能力的衡量，既可以用定性指标，如良好（一般、差）的企业知识产权保护制度来衡量，也可以用定量指标，如遭遇侵权的次数、诉讼成功的次数等表示。

综上所述，知识产权化能力的评价指标如表 8-11 所示。

表 8-11　　企业知识产权化能力的评价指标

指标名称	指标性质
专利申请数或授权数/行业占比	定量指标
名牌产品/驰名商标数/行业占比	定量指标
版权数/行业占比	定量指标
专利产品销售收入/行业占比	定量指标
专利转让/许可/联盟收入/行业占比	定量指标
商标许可/联盟收入/行业占比	定量指标
版权许可/转让收入	定量指标
知识产权诉讼能力	定量/定性指标
知识产权机构和人员素质	定性/定量指标
知识产权战略与制度建立情况	定性/定量指标

4. 企业综合知识产权能力评价指标体系的建立与可行性

依据企业知识产权能力评价指标体系建立的原则，按照前面确定的因子指标体系结构框架，可以系统地建立企业综合知识产权能力评价的指标体系（目标层），如表 8-12 所示。

表 8-12　　**企业知识产权能力评价指标体系**

目标层	准则层	因子层	指标性质
企业知识产权能力	创新投入能力	研究开发投入强度	定量指标
		研究开发人员素质、数量强度	定量指标
		非研究开发投入强度	定量指标
	创新管理能力	信息采集能力	定性指标
		创新机制	定性指标
		创新倾向	定量指标
		企业文化和气氛	定性指标
		技术创新的预测和评价能力	定性指标
		与外界的研究和生产合作能力	定性指标
		技术水平先进程度	定性/定量指标
		营销的费用	定量指标
		营销网络化程度	定性指标
	研究开发能力	研究开发成功率	定量指标
		消化吸收能力	定性指标
		专利和专有技术拥有数	定量指标
		自主创新产品率	定量指标
		开发的时间和费用	定量指标
	创新生产能力	生产设备水平	定量指标
		现代技术采用率	定量指标
		生产人员的构成	定量指标
		标准化工作水平	定性指标
		工艺准备周期	定量指标
		产品生产周期	定量指标

续表

目标层	准则层	因子层	指标性质
企业知识产权能力	知识产权化能力	专利申请数或授权数/行业占比	定量指标
		名牌产品/驰名商标数/行业占比	定量指标
		版权数/行业占比	定量指标
		专利产品销售收入/行业占比	定量指标
		专利转让/许可/联盟收入/行业占比	定量指标
		商标许可/联盟收入/行业占比	定量指标
		版权许可/转让收入	定量指标
		知识产权战略与制度建立情况	定量/定性指标
		知识产权机构和人员素质	定性/定量指标
		知识产权诉讼能力	定性/定量指标
	创新产出能力	新产品的市场占有率	定量指标
		新产品销售份额	定量指标
		技术贸易指数	定量指标
		技术水平	定量指标
		企业竞争力	定量指标

这套指标体系在实践中运用的可行性可以从两个方面来看：

一是方法本身的理论逻辑。层次分析法大多来自专家对指标的内涵和外延的评价，难以避免一些主观成分，但目前没有其他更好的方法可以替代，而且这套指标体系是综合了本领域主要专家学者的研究成果。

二是该指标体系可以理解为创新能力指标体系和狭义的知识产权指标的提炼组合，两种指标体系在许多机构或个人的调查实践活动中多次用到，包括本书对武汉东湖新技术开发区的调查，证明这些指标是可以统计或描述的，符合指标体系评价的一些基本原则，比如可操作性、可比性、导向性与科学性等。

总之，企业知识产权能力是一个由若干要素构成的、综合的能力系统。基于对企业知识产权能力内涵及构成的分析，本书对企业知识产权能力评价指标体系进行了详细的设计。遵循科学性、导向性、可比性、可操作性和多目标性的原则，本书采用网络层次分析法（ANP）对企业知识产权能力的每一个构成要素设计了相应的评价指标。

最后，本书提出政府支持企业自主知识产权能力发展的策略选择：依赖于企业知识产权能力评价指标体系，采用客观的决策方法，如果企业相比自己的历史最高的知识产权能力增长幅度越大，政府就给予更多的支持，既防止强者愈强、弱者愈弱，又防止保护弱小，扭曲竞争，同时兼顾支持性企业的行业创新拉动能力、促进知识流动/共享能力以及所在产业的战略重要性，综合地制定包括金融政策、财政政策、税收政策、产业政策、科技政策等在内的创新政策，来支持与鼓励我国企业的自主创新与自主知识产权能力的发展。

8.4　主要发达国家知识产权政策的介绍与借鉴

以史为鉴，可以知兴衰。这里主要选择对美国和日本这两个经济大国和技术大国的知识产权支持政策的发展历史及其主要策略进行介绍并作比较，以便为我国政府改进知识产权政策提供借鉴。

8.4.1　美国知识产权政策

20 世纪 70 年代，欧亚发达国家和新兴工业国家（地区）在经济上崛起，给美国带来巨大的竞争压力。美国政府认为，美国在经济竞争中最大的资源和优势在于科技和人才，由于知识产权保护不利，使得外国能够轻易模仿，并凭借劳动力和制造业的成本优势实现了经济快速发展。为此，美国总统卡特在 1979 年提出“要采取独自的政策提高国家的竞争力，振奋企业精神”，并第一次将知识产权战略提升到国家战略的层面。从此，利用长期积累的科技成果，巩固和加强知识产权优势，以保持美国在全球经济中的霸主地位，成为美国企业与政府的统一战略。

1. 美国知识产权政策的内容

几十年来，美国实施知识产权战略主要沿着三种轨迹不断伸延：

一是根据国家利益和美国企业的竞争需要，对专利法、版权法、商标法等传统知识产权立法不断地修改与完善，扩大保护范围，加强保护力度。近年来，随着生物、信息及网络技术的发展，一些新兴技术不断纳入知识产权的保护范围。例如，将网络营销模式等理念列入专利保护范围，在功能基因方面，美国专利申请已达4 000多项，知识产权优势明显。

二是国家加强调整知识产权利益关系，在鼓励转化创新方面强化立法。从1980年《拜杜法案》、1986年《联邦技术转移法》到1998年的《技术转让商业化法》，1999年美国国会又通过了《美国发明家保护法令》，使美国大学、国家实验室在申请专利、加速产学研结合及创办高新技术企业方面发挥更大的主动性。2000年10月，众参两院又通过了《技术转移商业化法案》，进一步简化归属联邦政府的科技成果运用程序。

三是在国际贸易中，一方面通过其综合贸易法案的“特殊301条款”对竞争对手予以打压，另一方面又积极推动WTO的知识产权协议（TRIPS）的达成，从而形成了一套有利于美国的新的国际贸易规则。

2. 美国在R&D方面的投入

第二次世界大战后，美国联邦对政府实验室和大学的R&D活动进行了大量投资。20世纪80年代后，政府采取一系列政策和制度改革，明确其支持的R&D活动所形成的知识产权归属问题，使大学和政府实验室获得发明的专利权或独占性许可。其中最重要的举措就是通过《拜杜法案》（Bayh-Dole Act），该法案明确了一个重要原则：向私人企业进行技术转移是政府资助R&D活动所追求的重要目标。即允许大学、非营利性机构和小企业自动拥有由政府资助的R&D活动所产生的相关知识产权，同时要求它们必须申请专利，并加快专利技术商业化。此外，法案还允许政府实验室向私人企业发放政府专利的独占性许可证。这样，明确了在政府资助的R&D 活动中，大学和政府实验室的专利产权主体地位，促进了技术创新和技术转移，对美国企业形成自主知识产权起到极大的促进作用。

拜杜法案实施后，大学和政府实验室获取专利权的积极性得到激励，政府资助 R&D 活动的技术转移效益明显提高，大学和政府实验室所获得的专利持续地大幅度增长。在 R&D 经费不断增加的条件下，大学和国家实验室的专利密度（每百万 R&D 经费的专利量）也显著增加。大学和国家实验室从事专利和技术转移的机构和工作人员数量不断增加，授权许可的专利也稳步上升。此外，Jensen 和 Thursby 通过对美国 66 所大学技术转移办公室许可工作负责人的调查发现，在专利许可交易中，大学专利权人通过技术股份形式与私人企业合作，有很大的积极性进行后期产品开发工作，从而促进了双方的技术合作和资源组合，大大提高了技术转移的成功率。①

8.4.2　日本的知识产权政策

1. 日本知识产权政策的演变和特点

20 世纪 80 年代以前，日本主要施行“贸易立国”和“技术立国”战略。在发展出口贸易的过程中，日本政府意识到，要想向国外输出可获得高附加值的产品和投资，必须重视技术，专利必须先行。当时，欧美发达国家的工业技术处于绝对优势，日本国内技术水平非常薄弱，在这种状况下，日本大力引进并复制他国专利和技术。在引进的技术中，专利技术的比重很大，而且大部分是世界先进技术。日本引进技术以后特别注重消化、吸收并对其进行改良，借此迅速缩小了与欧美之间的技术差距，成为经济大国。

① Jensen Rechard, Thursby Marie. Proofs and Prototypes for sale: The Licensing of University Inventions. The American Economic Review, 2001, 91 (1): 240-259.

进入20世纪90年代，尤其是美国加速推进“重视专利政策”以后，日本越来越难从欧美国家获得基础专利。同期，亚洲新兴工业国家和地区在不断提高生产力以及质量水平的基础上，以低成本优势提高了在国际市场的竞争力。因此，90年代的日本在高技术领域和技术集约型产品方面竞争力落后于欧美，而在传统工业和劳动密集型产品方面无法与亚洲新兴工业国家和地区竞争。在这种严峻的形势下，日本政府意识到，要恢复经济的活力，必须摆脱传统的经济发展模式，改革社会机制，加强对研究和创造性活动成果的知识产权保护和利用，创造具有高附加值的无形资产参与国际市场竞争。为此，日本政府决定制定国家知识产权战略，确立“知识产权立国”国策。

1996年，时任日本专利局局长的荒井寿光提出了“亲专利”政策。同年年底，日本专利局成立了“21世纪知识产权问题思考会”，专门研究、探讨政策，并向政府提出建议。“亲专利”政策可以说是后来“知识产权立国”国策的萌芽。

2001年10月，日本经济产业省成立了“产业竞争力和知识产权政策特别工作组”。特别工作组以日本东北大学校长阿部博之博士为首，成员包括来自产业界、知识产权界等领域的专家。其目标是以增强日本产业国际竞争力为目标，分析预期的知识产权政策。特别工作组内设三个工作小组，分别就“知识产权对增强产业竞争力的价值在战略上的最大化”、“对大学、风险企业和中小型企业用户友好的知识产权制度”和“增强海外竞争力”进行专门研究和详细的分析，并于2002年6月提出《日本知识产权状况研究报告》（《报告》中的部分内容被直接写进《知识产权战略大纲》）。

2002年2月4日，日本首相小泉纯一郎在第154届日本议会讲话中指出，日本所拥有的专利权等在世界上已首屈一指；日本的国家目标是将研究活动和创造活动的成果作为知识产权，战略性地保护和运用，从而强化日本产业的国际竞争力。为此，要建立知识产权战略会议，强有力地推进相关政策。2002年3月，日本政府成立知识产权战略会议联席制，2002年7月，制定《知识产权战略大纲》，将“知识产权立国”列为国家战略。2002 年 11 月，日本国会通过《知识产权基本法》，为知识产权立国提供了法律保障。为推进知识产权立国战略的实施，2003 年 3 月，政府内阁又成立了由首相亲自挂帅的知识产权战略本部，制定了《有关知识产权创造、保护及其利用的推进计划》，简称《知识产权推进计划》。

2005 年 6 月 10 日，日本知识产权战略本部公布了《知识产权推进计划 2005》。该计划共分五章，达 450 个条目，较《知识产权推进计划 2004》增加了 50 个条目，且半数内容有所改变。其主要特点为：

（1）将知识产权创造与国际标准紧密结合，将企业经营战略、知识产权战略和国际标准化战略融为一体。

（2）就构筑世界专利体系提出明确的步骤。

（3）明确提出要联合欧美以加强反侵权对策，倡导缔结《防止侵权产品、盗版制品扩散条约》。

（4）提出将知识产权战略与地方经济发展相结合，以利用知识产权振兴地方经济。

日本成功地实施知识产权战略，我国知识产权资深专家陈美章教授认为其知识产权战略有以下特点：一是政府高度重视，增设的知识产权战略本部由首相小泉纯一郎任部长；二是根据国家发展阶段适时调整国家专利战略。20 世纪 50 年代至 70 年代，实施构筑小型专利防护网的战略，使欧美的基础性关键专利技术在其专利网中失灵。70 年代至 80 年代，日本的专利战略转向技术创新，向自主专利战略过渡。到 90 年代，日本加大基础研究投入，采取促进原创技术的专利战略，增强高新技术领域的竞争力。日本面向 21 世纪的知识产权战略有四大支柱，即创造、保护、应用知识产权战略和人才培养战略。为落实战略部署，日本提供了法律保障、组织保证、宏观指导，并明确各政府部门在实施知识产权战略中的职责等。

2. 日本在 R&D 方面的投入

日本成功地在引进技术的基础上开发自主知识产权，在引进技术、消化吸收过程中，以建立产业体系为目标，围绕国产化，形成了以专利技术为主体的“引进—消化吸收—创新—输出”的良性循环机制。据统计，1950年到1975年的25年间，日本花费573亿美元引进先进技术25 700件（其中80%以上是专利技术）。政府鼓励和组织企业消化、吸收、再创新，围绕欧美的基础性关键专利进行应用性开发，抢先申请众多小专利，构筑起严密的专利网，使欧美的基础性关键专利在其专利网中失灵。日本技术引进与消化、吸收的比例大体保持在1∶3的水平（中国2001年其比例大约为1∶0.047），①而且日本各阶段技术引进的侧重点不同。到20世纪80年代，日本企业就已经由技术引进为主，转化为以技术出口为主。目前，日本在高科技产品的出口额方面仅次于美国，位居世界第二。

日本政府十分注重研发投入，据日本2001年度《科学技术白皮书》统计数据表明，日本的科研经费和成果均名列世界前茅。白皮书的数据显示，2000年度美国用于科研的经费最多，约为2 280亿美元，欧盟紧随其后，约为1 650亿美元，日本为1 305亿美元。美国、德国和日本的科研经费增长率最高。以1995年水平为基准，2000年美国的科研经费增长了32%，德国是19.1%，日本是17.6%，英国是9.4%，欧盟是6.8%。美国科研经费增长主要来自于企业科研投资增加，日本则是由于“科技立国”政策背景下政府的投入增加。

日本政府的研发经费主要用于各种研究机构、国家公立大学等，这些研究机构既有政府的研究机构，也有民营研究机构，同时，企业也获得了少量支持。据1994年日本总务厅统计局《科学技术研究调查报告》数据，当年日本政府R&D投资为25 041亿日元，其中政府研究机构使用47%，民营研究机构使用7%，国家公立大学使用42%，企业使用4%。

此外，日本政府积极扶持民间企业的研发，主要是：

- 给予税收优惠政策，如1966年设立试验研究费的税额扣除

---

① 王吉法：《中日企业竞争力比较研究》，山东大学出版社2004年版，p. 279.

制度，1985 年设立基础技术研究开发促进税制，中小企业技术基础强化税制等。

● 补助金和委托费政策，主要是用于工矿业重要技术研究开发补助金、能源技术研究开发委托费等。该政策既促进民间企业的 R&D 活动，还间接引导研发与技术创新的结构及方向。

● 低息融资政策，是通过向符合其政策目标的企业提供低于市场利率水平的贷款，以鼓励企业的 R&D。日本开发银行从 1951 年就设立了新技术企业化融资，1980 年又将其改为新技术开发融资，进一步扩大融资范围。

参考文献

[1] 毕春丽，潘峰．信息产业标准与知识产权战略及其对策研究［J］．中国软科学，2006（8）．
[2] 布瀛洲．中药产品包装的国际化［J］．世界科学，2002（8）．
[3] ［加］迈克尔·豪利特，M．拉米什．公共政策研究：政策循环与政策子系统［M］．北京：三联书店，2006．
[4] ［美］G．格罗斯曼．全球经济中的创新与增长［M］．北京：中国人民大学出版社，2003．
[5] ［美］阿瑟·R．米勒．知识产权法概要［M］．北京：中国社会科学出版社，1997．
[6] ［美］保罗·巴兰．增长的政治经济学［M］．北京：商务印书馆，2000．
[7] ［美］道格拉斯·诺斯．制度、制度变迁与经济绩效［M］．上海：上海三联书店，1994．
[8] 冯晓青．企业知识产权战略［M］．第3版．北京：知识产权出版社，2008．
[9] ［美］赫尔曼·戴利．超越增长可持续发展的经济学［M］．上海：上海译文出版社，2001．
[10] ［美］马库斯·利特兹格．知识产权的战略管理［J］．经济资料译丛，2005（1）．
[11] ［美］迈克尔·波特．国家竞争优势［M］．北京：华夏出版社，2002．
[12] ［美］亨利·埃茨科威兹．三螺旋［M］．北京：东方出版社，2005．
[13] ［日］苔莎·莫里斯-铃木．日本的技术变革［M］．中国经济

出版社，2002.
[14] [瑞士] V. 乔利. 新技术的商业化：从创意到市场. 北京：清华大学出版社，2001.
[15] 包海波. 韩国的知识产权发展战略及其启示 [J]. 杭州师范学院学报（自然科学版），2004（3）.
[16] 陈昌柏. 知识产权战略——知识产权资源在经济增长中的优化配置 [M]. 北京：科学出版社，1999.
[17] 陈劲，陈钰芬. 企业技术创新绩效评价指标体系研究 [J]. 科学学与科学技术管理，2006（3）.
[18] 陈劲，王飞绒. 创新政策：多国比较和发展框架 [M]. 浙江大学出版社，2005.
[19] 陈柳钦. 借鉴国外经验，完善我国高新技术产业发展的税收支持政策 [J]. 经济纵横，2005（2）.
[20] 陈明炜. 企业技术创新能力评价体系研究 [D]. 大连理工大学硕士学位论文，2005.
[21] 陈乃醒. 中国中小企业发展与预测：中小企业投融资策略、理念、方向、措施 [M]. 北京：中国财经出版社，2003.
[22] 陈伟，孙旭东. 美、日两国技术创新战略的比较研究与启示 [J]. 国际技术经济研究，1999（2）.
[23] 陈卫东. 技术创新能力是发展中小企业的动力 [J]. 湖南商学院学报，2001（5）.
[24] 陈向东，胡萍. 我国技术创新政策效用实证分析 [J]. 科学学研究，2004（1）.
[25] 崔伟. 美国知识产权战略特点及对我启示 [J]. 国际技术经济研究，2004（3）.
[26] 杜晓君，张序晶. 高科技企业知识产权管理绩效模糊综合评价 [J]. 研究与发展管理，2004（4）.
[27] 樊增强，贾明德. 美日中小企业技术创新支持政策的比较与借鉴 [J]. 经济问题，2004（2）.
[28] 范微. 知识资本评价指标体系与定量评价模型 [J]. 中国工业经济，2000（9）.

[29] 傅钢. 让中国企业走进专利标准 [N]. 中国知识产权报, 2003-08-26.
[30] 傅自应. 自主出口品牌建设: 政府在行动——专访商务部部长助理傅自应 [J]. WTO 经济导刊, 2005 (5).
[31] 辜胜阻. 自主创新是经济转型的战略基点 [C] // 信息产业部第七届信息技术领域专利态势发布会暨第五届"武汉·中国光谷"知识产权保护论坛论文集, 2005.
[32] 顾卫东. WTO 规则下中小企业技术创新环境与对策 [J]. 科技与管理, 2002 (2).
[33] 冠红毅. 自主知识产权与 WTO [J]. 经济体制改革, 2002 (1).
[34] 郭文姬, 冯晓青, 冯晔. 论高新技术产业的知识产权保护 [J]. 发明与革新, 2000 (9).
[35] 国家技术监督局. 中华人民共和国标准化法条文释义. 1989 年第 12 号令.
[36] 国家科委课题组. 科技成果转化的问题与对策 [R]. 1994.
[37] 国家统计局国家经济景气监测中心. 中国企业自主创新能力分析报告 [R]. 2005.
[38] 国家统计局科技统计司. 技术创新统计手册 [M]. 北京: 中国出版社, 1993.
[39] 韩其峰. 60 亿, 中国信息产业遭遇"知识壁垒"——中国 DVD 出口专利纠纷启示录 [J]. 信息空间, 2003 (1).
[40] 何婷婷, 刘志迎. 有关科技成果转化的基本理论综述 [J]. 科技情报开发与经济, 2005 (4).
[41] 贺斌. 郭国庆委员: 打造自有品牌政府责无旁贷 [N]. 中国财经报, 2006-03-14.
[42] 胡钰. 政府如何支持企业自主创新 [J]. 科学咨询 (决策管理), 2006 (2).
[43] 黄向阳. 关于成果转化过程中产权转移模式的探讨 [J]. 中国科学院院刊, 2004 (4).
[44] 黄学工. 欧美技术创新政策比较分析 [J]. 科技情报开发与

经济，2005（4）.
[45] 贾蔚文. 技术创新——科技与经济一体化发展的道路［M］. 北京：中国经济出版社，1994.
[46] 李春田. 标准化概论［M］. 北京：中国人民大学出版社，2005.
[47] 李丹. 我国企业技术标准战略选择研究［D］. 沈阳工业大学硕士学位论文，2004.
[48] 李岚. TD－SCDMA 的竞争优势与发展战略［J］. 世界标准化与质量管理，2002（11）.
[49] 李庆东. 技术创新能力评价指标体系与评价方法研究［J］. 现代情报，2005（9）.
[50] 李时椿. 美日技术创新对我国的启示［J］. 宏观经济研究，2001（10）.
[51] 李顺德. 跨国公司知识产权战略的启示（上）［OL］.（2005-09-27）中国科技信息网.
[52] 李轩. 构筑专利保护方略　匡扶民族产业发展——国家知识产权实施战略思考［J］. 知识产权，2004（6）.
[53] 李颖. 美国标准管理体制［M］. 北京：中国标准出版社，2004.
[54] 李越. 经济全球化：企业如何应对［M］. 北京：中国社会出版社，1999.
[55] 林迎星. 我国政策的历史演变及其特点［J］. 科技进步与对策，2003（1）.
[56] 刘常勇. 科技创新与竞争力：建构自主创新能力［M］. 北京：科技出版社，2006.
[57] 刘春田. 知识产权法教程［M］. 北京：中国人民大学出版社，1995.
[58] 刘林青，谭力文. 专利竞争优势的理论探源［J］. 中国工业经济，2005（11）.
[59] 刘林青，夏清华. 复杂产品系统背景下的专利战略基本逻辑研究［J］. 外国经济与管理，2006（9）.

[60] 柳卸林. 21 世纪的中国技术创新系统 [M]. 北京大学出版社, 2000.

[61] 龙禹, 祝靖. 国际贸易中的知识产权壁垒与中国企业应对策略 [J]. 价格月刊, 2008 (8).

[62] 路风, 慕玲. 本土创新、能力发展和竞争优势——中国激光视盘播放机工业的发展及其对政府作用的政策含义 [J]. 管理世界, 2003 (12).

[63] 吕昆. 企业标准与专利工作战略 [J]. 标准与知识产权, 2003 (10).

[64] 毛光烈. 新经济背景下企业的危机与知识产权竞争战略 [J]. 商业经济与管理, 2003 (9).

[65] 莫兰琼, 刘东升, 张敏. 基于技术创新的企业核心竞争力评价指标体系研究 [J]. 价值工程, 2005 (2).

[66] 宁达. 日本 21 世纪科技发展战略 [J]. 全球经济瞭望, 2002 (4).

[67] 彭北清. 我国实施标准战略中的若干重要问题探讨 [J]. 中国软科学, 2003 (1).

[68] 日本“产业竞争力和知识产权政策”特别工作组报告 [R]. 2002.

[69] 史宪睿, 李兆友. 企业技术创新能力研究综述 [J]. 科技管理研究, 2004 (2).

[70] 史占中. 企业战略联盟 [M]. 上海: 上海财经大学出版社, 2001.

[71] 舒辉. 标准化理论与实务 [M]. 北京: 经济管理出版社, 2000.

[72] 宋河发, 穆荣平. 知识产权保护强度与我国自主创新能力建设研究 [J]. 科学学与科学技术管理, 2006 (3).

[73] 田力普. 全面落实科学发展观, 大力推进国家知识产权战略制订工作 [C] // 信息产业部第七届信息技术领域专利态势发布会暨第五届“武汉 · 中国光谷”知识产权保护论坛论文集, 2005.

[74] 王春法. 技术创新政策：理论基础与工具选择——美国和日本的比较研究 [M]. 北京：经济科学出版社，1998.
[75] 王金玉. 我国技术标准国际战略研究 [J]. 标准化研究，2004 (1).
[76] 王梦奎. 改革攻坚 30 题——完善社会主义市场经济体制探索 [M]. 北京：中国发展出版社，2003.
[77] 王平. 中国标准化管理体制：问题及对策 [J]. 世界标准化与质量管理，2003 (3).
[78] 王先林. 实施国家知识产权战略依法限制知识产权滥用 [N]. 中国工业报，2005-07-05.
[79] 王永龙. 中国品牌运营问题报告：问题 · 现状 · 挑战 · 对策 [M]. 北京：中国发展出版社，2004.
[80] 王粤，张燕燕. 知识产权对高新技术产品出口的影响 [J]. 经济理论与经济管理，2003 (9).
[81] 魏末梅，陈义华. 基于 ANP 的企业技术创新能力评价体系研究 [J]. 科技管理研究，2006 (4).
[82] 吴新明. 我国科技成果转化率偏低的原因及解决的对策措施 [J]. 科技开发动态，2004 (7).
[83] 吴秀波. 税收激励对 R&D 投资的影响：实证分析与政策工具选拔 [J]. 研究与发展管理，2003 (2).
[84] 夏清华，谭力文. 中国制造企业的比较优势与竞争劣势 [J]. 中国软科学，2003 (3).
[85] 谢升峰. 中国中小企业政府支持体系研究 [M]. 中国财政经济出版社，2001.
[86] 谢宗孝. 美国的技术创新政策及启示之一美国的技术创新政策 [J]. 经济广角，2001 (2).
[87] 徐大可，陈劲. 创新政策设计的理念和框架 [J]. 国家行政学院院报，2004 (4).
[88] 徐冠华. 关于自主创新的几个重大问题 [J]. 中国软科学，2006 (11).
[89] 徐雨森. 基于知识产权战略的工业企业核心能力培育 [J].

研究与发展管理，2003（1）.
[90] 许嘉璐. 知识产权——最大的产权 [N]. 光明日报，2004-12-09.
[91] 许见光. 企业核心竞争力与知识产权经营战略研究 [D]. 武汉理工大学硕士学位论文，2004.
[92] 许治，师萍. 政府科技投入对企业 R&D 支出影响的实证分析 [J]. 研究与发展管理，2005（6）.
[93] 叶林威，戚昌文. 技术标准战略在企业中的运用 [J]. 世界标准化与质量管理，2003（2）.
[94] 云君. 当国产 DVD 遭到技术壁垒 6C 封杀来势汹汹 [N]. 中国经营报，2002-05-10.
[95] 张平，马骁. 技术标准战略与知识产权战略结合（上）[J]. 研究与探讨，2003（1）.
[96] 张平，马骁. 技术标准战略与知识产权战略结合（下）[J]. 研究与探讨，2003（2）.
[97] 张艳艳. 我国中药知识产权保护的现状调查与对策研究 [D]. 中南大学，2008（5）.
[98] 朱玉荣. 跨国公司的知识产权战略及我国的应对策略 [J]. 世界贸易组织动态与研究，2009（2）.
[99] 周春光，刘思峰. 外商直接投资对产品出口贡献的效应分析 [J]. 管理世界，2006（1）.
[100] 周兴芳. 企业专利侵权之应对策略——从 SigmaTel 与珠海矩力专利纠纷案分析美国 337 条款 [M]. 中国青年作家网，2008（6）.
[101] DE MER A. Technology Transfer into China：Preparing for a New Era [J]. European Management Journal，2001，(2)：140.
[102] BREITSCHOPF B，GRUPP H，Innovation Dynamics in OECD Countries：Challenges for German Enterprises，International Economics and Economic Policy. Heidelberg：2004，(1)：135
[103] BARNEY J. Firm Resources and Sustained Competitive Advan-

tage [J]. Journal of Management, 1991 (17): 99-120.
[104] GANZ-BROWN C. Patent Policies to Fine Tune Commercialization of Government-sponsored University Research [J]. Science and Public Policy, 1999, (12).
[105] EDQUIST C. Innovation Policy—A Systemic Approach [M]. Oxford University Press, 2001.
[106] CHEN Y. Thitima Puttitanun: Intellectual Property Rights and Innovation in Developing Countries [J]. Journal of Development Economics, 2005, (2): 474.
[107] ENCAOUA D, Dominique Guellec. Patent Systems for Encouraging Innovation: Lessons from Economic Analysis [J]. Research Policy, 2006, (9): 1423-1440.
[108] HENDERSON P W. Globalization and Intellectual Property in China [J]. Technovation, 2005 (25).
[109] LIU. An Eempirical Study on the Construction of a Model for Measuring Organisational Innovation [J]. International Journal of Innovation Management, 2005 (9): 241
[110] ZARGANI L. WWD: How Patent Pools Can Avoid Competition Concerns [J]. Managing Intellectual Property, 2005 (13).
[111] OECD. Compendium of Patent Statistic [R]. OECD, 2005.
[112] PRAHALAD C K, HAMEL G. The Core Competence of Corporation [J]. Harvard Business Preview, 1990 (5): 79-91.
[113] ROTHWELL R A. Public Innovation Policy: To Have or to Have not [J]. R&D Management, 1986, (1): 25.
[114] SCHNEIDER P H. International Trade, Economic Growth and Intellectual Property Rights: A Panel Data Study of Developed and Developing Countries [J]. Journal of Development Economics,2005 (2): 529.
[115] WERNERFELT B. A Resource-based View of the Firm [J]. Strategic Management Journal, 1984 (5): 171-180.
[116] WU X. Foreign Direct Investment, Intellectual Property Rights,